광주문화재단 누정총서 8

호가정
만귀정

글 박명희
현판 번역 김대현

광주문화재단 누정총서 8

호가정
만귀정

글 박명희
현판 번역 김대현

심미안

지혜의 보고, 누정여행 길잡이

16세기를 전후해 남도에는 누정이 활발하게 건립되었습니다. 중앙 관료를 지내다 낙향한 선비들이 경관이 뛰어난 곳에 정자와 원림을 조성하여 후학을 양성하였고, 세속의 명리를 탐하지 않고 은둔의 삶을 영위하고자 누정을 건립하기도 했습니다. 강학과 교유, 은일의 공간이었던 누정은 지역공동체의 대소사를 결정하는 집회소이자 공동체 규약을 실천하는 장으로도 활용되었습니다.

그러므로 누정의 건립자가 누구인지, 어떤 사람들이 교류했는지, 무슨 활동이 이뤄졌는지에 대한 연구는 당대의 시대정신과 지역문화사를 밝히는 매우 중요한 작업이라 할 수 있겠습니다.

지난해 광주문화재단은 누정총서 6권을 발간하였습니다. 일동삼승(一洞三勝)이라 불리는 소쇄원, 식영정, 환벽당을 비롯하여 독수정, 명옥헌, 면앙정, 취가정, 풍암정, 송강정이 그것입니다. 이번에는 풍영정, 호가정, 만귀정, 부용정, 양과동정, 양파정, 춘설헌 7곳의 누정을 4권으로 엮었습니다. 지난해에 무등산 자락의 원림과 누정을 다루었다면, 올해는 영산강 자락의 누정과 근대 이후 누정을 새롭게 추가한 것이 특징입니다.

영산강은 호남평야를 비옥하게 살찌우는 젖줄이었고, 내륙 깊숙이 문물을 운송하는 교역의 통로였습니다. 풍영정, 호가정, 만귀정

등의 누정은 바로 영산강 문화권에 자리하고 있습니다. 명필 한석봉이 '제일호산(第一湖山)'이라고 부른 풍영정, 명리를 탐하지 않고 산수 간에 들어 호연(浩然)의 노래를 부른 호가정, 늘그막에 전원으로 돌아가 풍류를 즐긴 만귀정. 특히 부용정과 양과동정은 조선시대 처음으로 향약이 시작되었고, 지금도 그 명맥을 이어오고 있는 곳입니다. 춘설헌과 양파정은 근대 광주의 정신과 문화가 살아있는 귀중한 유산입니다.

배낭 하나 메고 훌쩍 떠나는 여행길에서 즐겁게 몸과 마음을 풍요롭게 할 만한 누정 길잡이 책. 이번 총서도 쉽고 재미있습니다. 의미도 깊습니다. 필진으로 참여한 전문 연구자들이 일반 독자들을 배려한 애정이 곳곳에서 빛을 발합니다. 좀 더 관심 있는 독자를 위해 누정 현판의 원문과 번역도 함께 실었습니다. 다양한 각도와 때를 달리한 사진들은 텍스트와는 또 다른 책 읽는 즐거움을 선사할 것입니다.

우리는 이 책들이 광주의 누정과 원림을 찾는 여행객들의 사랑을 듬뿍 받기를 소원합니다. 삶의 의미를 되새기고 마음의 정화를 얻어가는 지혜의 여행길에 일조하는 안내서가 되길 바랍니다.

그동안 누정총서 발간에 애쓰신 분들의 노고에 깊은 감사를 드립니다.

2019년 11월

광주문화재단 대표이사 김윤기

차례

호가정浩歌亭

호가정
浩歌亭

"나의 이 빛깔과 향기에 알맞은 누가 나의 이름을 불러다오."

위 구절은 현대 시인 김춘수가 지은 시 「꽃」의 중간 부분이다. 삼라만상 모든 물상은 각자 이름을 가지고 있다. 하지만 그 빛깔과 향기에 알맞은 이름을 가진 물상은 얼마나 될까? 누정은 요즘 도시의 아파트에서도 흔히 볼 수 있는 모정, 우산각 등과 달리 각자 이름을 지니고 있다. 그리고 그 누정의 이름을 보면, 그 누정을 세운 주인의 인격과 모습, 살아온 과정, 교유 인물 등이 상상된다. 그 상상이 때로는 틀리기도 하지만 실상을 보면, 대체로 일치하니 누정 이름 속에서 그 주인을 보아도 될 듯하다. 각자 빛깔과 향기를 가졌을 누정의 이름을 생각하면서 호가정에 올라 보자.

여름 어느 날 호가정에 올라 보다

올해 여름 어느 날 호가정에 올랐다. '올랐다'고 말하는 이유는 호가정이 평지보다 높은 곳에 위치해 있기 때문이다. 일단 차를 타고 길도우미에 '호가정'이라 새겼다. 호가정이 위치한 곳은 "광주광역시 광산구 동곡분토길 195"이다. 주소를 적은 뒤에 길도우미가 안내한 대로 따라 갔다. 대략 20여 분 운전해 가니 호가정이 있는 곳을 알리는 이정표가 보였다. 또 그 이정표를 따라 마을의 골목길을 쭉 들어가니 드디어 호가정인 듯한 건물이 보였다. 마을에서 외따로 떨어진 곳에 위치해 있어서 특별한 건물일 것이라는 생각을 하였다. 목적지인 호가정에 도착한 것이다.

우선 호가정이 시작하는 처음 부분부터 보기로 하였다. 평지로 시작하는 시점에 '호가정'이 시작되었음을 알리려고 한 것인지 유사(柳泗, 1503~1571)가 지은 「호가(浩歌)」라는 글을 넓은 돌에 새겨 놓았다. 그리고 기왕 왔으니 운동도 하고 가라는 의미일까? 운동기구들이 있다. 잠시 자연을 보러 왔으니 몸 운동을 함께하는 것도 나쁘지는 않을 것 같다는 생각을 하였다. 거기에서 눈에 띄는 곳이 보였다. 바로 강물이다. 호가정 하면 입지 조건이 남다른 것으로도 알려져 있는데, 앞에 넓은 강물이 있기 때문일 것이다. 호가정 앞에 흐르는 강물은 영산강6경으로서 극락강과 황룡강이 합류하는 지점인데, 흔히 구강(九江)이라 부른다. 도도히 흐르는 강물을 뒤로하고 본격적으로 호가정에 오르기 시작했다.

호가정을 오르는 처음부터 중간까지는 돌계단으로 되어 있다. 돌계단을 오르기 직전의 왼편에 양철 재질로 된 안내문이 있어 읽어 보았다. 안내문의 제목은 '광주·전남 8대정자 제4호 지정기'이다. 처음 일부분을 적어 본다.

유사가 지은 「호가」가 새겨진 비석이 호가정의 시작을 알린다.

광주광역시관광협회와 무등일보가 풍광이 수려하고 유서 깊은 광주전남 정자 8곳을 선정하기 위해 …… 심사결과 1. 화순 물염정 2. 담양 식영정 3. 완도 세연정 4. 광주 호가정 5. 곡성 함허정 6. 나주 영모정 7. 영암 회사정 8. 장흥 부춘정 등을 선정하고 …….

전국 어느 곳보다 광주·전남에는 누정 수가 많고, 많을 뿐 아니라 수려한 경관과 유서 깊은 곳이 다수 있는데, 그중 호가정이 네 번째로 뽑힌 것이다. 이 부분에서 "사람들 보는 눈은 거의 비슷하구나."라는 생각을 하였다. 아마도 호가정은 주변 풍광이 수려하다는 것과 유서가 깊다는 두 가지 사항에 모두 해당되었을 것이다.

호가정에 이르기 위해 돌계단을 밟아 가는데 양쪽에 있는 시비가 눈에 들어왔다. 우선 오른쪽으로 처음 대하는 시비를 보니, 서하당(棲霞堂) 김성원(金成遠, 1525~1597)이 유사의 호가정 시에 차운한 작품이다. 김성원은 유사의 사위이다. 사실 유사의 호가정 원운에 차운한 문인들은 한두 명이 아니다. 그런데 김성원의 시만 시비로 만들어놓은 것은 장인과 사위라는 특별한 관계 때문이리라. 다시 두세 계단을 오르니, 왼쪽에 또 시비가 있다. 상단에 '설강유사선생시비'라 적고, 하단에 '서산유씨(瑞山柳氏) 설강공파문회(雪江公派門會)'라 적었으며, 줄을 바꾸어 '2009. 5. 20.'이라는 연월일 표기를 하였다. 이로써 이 시비의 내용과 세운 사람, 시기 등을 알 수 있었다. 현재까지 전하는 유사가 지은 호가정 원운 시는 오언절구와 칠언절구 두 편이다. 이 시비에 있는 작품은 칠언절구로, 한자 바로 밑에 풀이를 적어서 그 의미를 이해할 수 있었다. 또다시 돌계단을 딛고 올라가다 오른쪽에 있는 시비를 마주했다. 이번에도 유사의 원운 시이다. 그런데 이번에는 오언절구의 시로, 맨 하단에 '2009. 7. 20.'이라는 연월일이 표기되어 있었다. 앞의 시비와 두 달 간격으로 유사의 원운 시를 시비로 세웠음을 알 수 있는 대목이다.

이제 돌계단은 모두 끝나고, 호가정에 오르려고 하니 대리석으로 만든 계단이 나왔다. 그 계단에 오르기 직전 왼편으로 호가정을 설명한 안내문을 읽어 보았다. 이 안내문은 광주광역시에서 세운 것으로 다른 누정에서 본 것과 같았다. 우선 맨 상단에 호가정을 영문으로 표기한 뒤에 '광주광역시 문화재자료 제14호'라는 말을 적

호가정을 오르는 돌계단 양쪽에는 서하당 김성원의 시비와 설강유사선생 시비가 있다.

'호가'라는 명칭은 산수 간에 있는 흥취를 읊조리는 것만으로도 부족하여 크게 소리 내어 노래한다는 뜻으로 붙인 것이다.

어두었다. 이어서 호가정을 다음과 같이 안내하였다.

> 이곳은 조선 명종 때 유사가 세운 정자이다. '호가'라는 명칭은 산수 간에 있는 흥취를 읊조리는 것만으로도 부족하여 크게 소리 내어 노래한다는 뜻으로 붙인 것이다. 유사는 중종 23년(1528년)에 문과에 급제하여 여러 고을의 수령을 지냈는데, 승지로 있을 때 모함을 받아 벼슬을 버리고 낙향한 후, 이곳에서 산수와 시가를 벗 삼았다. 정자 안에는 유사의 호가정 원운과 기(記)를 비롯하여 기정진(奇正鎭)의 중건기, 유보한(柳寶漢)의 중수기, 이안눌(李安訥)·오겸(吳謙)·김성원 등의 제영이 있다.

원래 안내문의 내용에서 앞에서 이미 말한 한자와 생몰년 등은 빼고 적어 보았다. 호가정을 세운 유사가 어떤 사람이라는 것을 간략히 적었고, 누정 이름을 '호가'라 한 이유, 호가정 경내에 걸린 현판은 어떤 것이 있는지 등을 말하였다.

이러한 호가정에 대한 안내문을 읽고 나서 계단을 천천히 올라갔다. 오르면서 뒤돌아보니 처음 마주했던 강물이 저 멀리 보였다. 좀 더 높은 데에 올라서 강물을 보노라니 처음 보았던 것보다 탁 트여 더욱더 시원했다. 호가정이 있는 뜰에 이르렀다. 호가정은 높은 데에 위치한 것치고는 안정적인 건물의 형태를 하고 있었다. 필자는 건축에 대해서는 문외한이다. 따라서 1992년에 광주직할시에서 펴낸 『누정제영』에 있는 내용을 빌려 말한다.

> 정측면 모두 3칸의 골기와 팔작지붕으로 4면 모두가 마루로 되어 있고, 중앙 한가운데 거실이 있었으나 중수 시 마루로 바꾸어 지금은 그의 흔적만 남아 있다. 마루 4면에는 손잡이 난간이 있고, 위아래로는 열고 닫는 고리문이 있으며, 조각된 목재 용머리가 기둥 4면으로 14개가 붙어 있다.[1]

다른 누정과 차이나는 점은 중앙에 4면으로 위아래로 열고 닫는 문이 있다는 것이다. 이러한 부분에서 호가정이 열린 공간이라는 것을 깨달았다. 누구든, 무엇이든 수용할 채비를 하고 있다는 뜻인가? 폐쇄적이지 않고 열려 있어서 앞면에서 뒤쪽까지 모두 바라다보이니 건물이 있다는 생각을 잠시 잊게 한다. 건물의 뒷면에서 마찬가지로 앞을 훤히 볼 수 있으니 탁 트인 시원함을 마음껏 느낄 수 있어 좋다. 호가정 뒷산을 병강(屛岡)이라 한다. 그렇게 높지 않은 산등성이 형태를 하여 그 지형에 걸맞게 이름을 지은 것인가?

완만한 산등성이를 배경으로 앞으로는 구강이 흐르는 호가정. 사방이 탁 트여 훤한데, 건물도 막힌 데가 없으니 크게 노래를 불러도 시끄럽다고 말할 사람이 없을 듯하다. 유사가 이곳에 누정을 짓고, 이름을 '호가'라 한 이유를 분명히 알 수 있었다.

---

1 『누정제영(樓亭題詠)』, 광주직할시, 1992, 826쪽 참조.

정측면 모두 3칸의 골기와 팔작지붕으로 4면 모두가 마루로 되어 있고 4면에 손잡이 난간이 있으며 위아래로 열고 닫을 수 있다. 앞면에서 뒤쪽까지 모두 바라다보이니 건물이 있다는 생각을 잊게 한다.

浩歌亭

유사, 죽을지언정 세리(勢利)를 탐하지 않았고

그러면 유사는 어떤 사람이었을까? 자는 중연(仲沿)이요, 호는 설강(雪江)이며, 본관은 서산이다. 서산은 서녕(瑞寧)이라고도 하였다. 그의 문집 『설강집』의 내용을 통해 유사가 어떤 인물이었는지를 좀 더 자세히 살피려 한다.

『설강집』에 유사의 행장은 없다. 그러나 그 대신 가장(家狀) 등의 자료를 통해 유사의 행적, 학문, 문장, 인물 됨됨이, 교유했던 인물들의 면면을 알 수 있다. 가장에서 정리한 유사의 행적은 다음과 같다.

유사는 연산군 9년(1503년) 광주 유곡리(柳谷里)에서 태어났다. 이때 뜻있는 사림들에게는 힘든 시간이었다. 첫 번째 사화(士禍)인 무오사화가 연산군 4년(1498년)에 벌써 일어났었고, 1504년에 곧 갑자사화가 일어나려고 한 시점이기 때문이다. 광주 유곡리는 한양과 멀리 떨어져 있어서 사화의 여파가 심하게 미치지 않았을 것이다. 그러나 왕의 폭정이 자행되던 시절이기 때문에 드러내놓고 행동을 하면 위험한 상황까지 이를 수 있었다.

유사는 이후 중종 17년(1522년) 그의 나이 20세 때 사마시에 합격하였고, 26세에 과거시험에 입격하였다. 여기서 역사적인 상황을 짚어 보겠다. 유사가 4세 때인 1506년에 중종반정이 일어나 연산군의 폭정은 막을 내렸다. 그러나 사림들의 입장이 펴진 것은 아니었다. 중종반정에 가담했던 반정 공신들을 비롯한 훈신들이 횡포를 자행하면서 사사건건 사림들과 대립각을 이루었기 때문이다. 그리

해서 유사의 나이 17세 때인 1519년에 기묘사화가 일어난다. 17세의 나이라면 아직 세상에 나아가기 전으로 꿈과 희망으로 들떠 있을 때이다. 그런데 뜻있는 선비들이 사화로 인해 죽거나 관직에서 물러나는 상황에 이르렀으니 청년 유사는 앞으로 관직에 나아가는 것이 옳은 일인지 한번쯤 고민했을 것이다. 그래도 유사는 청운의 꿈을 안고 사마시와 대과에 합격하여 당당히 벼슬을 시작했다.

유사의 관직 생활은 순탄치 않았던 것으로 보인다. 관직 생활이 순탄했다면 대체로 왕이 머무는 궁궐 인근에서 머물렀을 것이다. 그런데 유사가 거쳐 간 관직은 주로 외직이었다. 유사는 무장현감, 전라도사, 낙안군수, 삭주부사, 종성부사 등을 거친다. 무장, 전라, 낙안, 삭주(평북 소재), 종성(함북 소재) 등은 한양과 멀리 떨어진 곳으로 벼슬하는 사람이라면 그리 가고 싶지 않은 부임지이다. 특히 종성은 한반도의 가장 북단으로 유배를 가는 사람들이나 머무는 오지 중의 오지이다.

다음은 종성에 있을 때 지은 작품으로 제목은 「재종성(在鍾城)」이다.

삭풍과 변방 눈도 추운 줄 모르겠나니　　朔風邊雪不知寒
왕의 감화가 한 가지로 감싼 덕분이라　　王化祇緣囿一團
초가집 관료 백성은 중국말 할 줄 알고　　屋部氓僚能夏語
섣달의 매화 소식은 봄 신에 해당한다　　臘梅消息屬春官
거문고 켜고 피리 부는 것 연과로 삼고　　謾將琴嘯爲年課

시서 강론하다 깊은 밤에 이르기도 한다　或講詩書到夜闌
방초 나는 들판에 두약 필 날 기다리니　留待芳洲搴杜若
미인은 구름 끝 멀리 아련한 곳에 있다　美人渺渺隔雲端

종성은 한반도의 최북단에 있는 곳이다. 때문에 겨울철이 되면 북쪽에서 살을 베는 듯한 삭풍이 분다. 유사는 겨울이 되어도 임금의 감화가 있어 추운 줄을 잘 모르겠다 했으니, 역시 관료자의 모습을 보였다. 또한 중국과 가까워 중국인들을 만나는 경우가 많아 중국말을 할 줄 아는 관료도 있다 했다. 종성에 사는 사람들의 삶의 한 부분을 보는 듯하다. 아울러 관직을 수행하는 틈틈이 악기도 연주하고, 시서를 강론하기도 하였다. '두약'은 향초의 일종이고, '미인'은 보통 임금을 뜻한다. 두약이 피면 그것을 캐다 임금에게 드리고 싶은 마음을 알 수 있다. 관인으로서 멀리 떨어져 있으나 마음은 늘 궁궐에 있는 임금을 그리워하고 있음을 말하였다.

유사는 종성 등 외직으로 나가 선정을 베푼다. 가장에서 이 부분에 대해 다음과 같이 적었다.

> 가는 곳마다 칭송이 자자해 떠난 뒤에는 백성들이 생각을 많이 하였다. 무장 사람들은 비를 세워 덕을 칭송하였고, 북쪽 땅의 백성들은 찾아와서 담장을 쌓아주고 갔다.

이와 같이 외직에서 선정을 베풀며 많은 백성들로부터 칭송을 얻었다. 그러나 시국은 안정되지 못하여 언제 벼슬에서 물러날지 모르는 상황이었다. 1545년(명종 즉위), 유사는 이제 43세가 되었다. 1545년은 4대 사화 중 마지막인 을사사화가 일어난 해이다. 43세라는 나이는 중년으로 접어든 것이고, 한 집안의 가장으로서 식솔을 이끌어야 하는 책임감이 있었다. 그리고 1547년에 을사사화의 여파인 정미사화가 일어나는데, 이러한 일련의 사건들로 인해 유사는 벼슬에 있어도 편안한 마음을 가지지 않았다. 유사는 언제든지 벼슬에서 물러나 편안한 삶을 살고 싶었다.

그때 마침 이량(李樑)이 국정을 맡게 되면서 유사는 벼슬에서 물러나느냐 마느냐 하는 기로에 놓인다. 이량은 어떤 사람인가? 이량은 본관을 전주로 한 왕족이면서 명종의 왕비인 인순왕후의 외삼촌이다. 진사시에 합격한 뒤에 음서(蔭敍)로 관직에 오르고 명종의 신임을 받아 주로 언관직을 역임하였다. 당시 명종은 어머니 문정왕후를 배후로 둔 윤원형(尹元衡) 일파를 견제하기 위해 이량을 중용하였다. 때문에 이량은 명종을 등에 업어 관직의 차례를 밟지 않고 조정의 주요한 직책을 두루 거쳤으며, 조정의 정사와 인사에 큰 영향을 미쳤다. 이러한 이량이 유사에게 만날 것을 요구한 것이다. 유사는 이량의 요구를 받아들이지 않고, 일을 핑계 삼아 즐겨 찾아가지 않았다. 이 때문에 이량의 비위를 거슬리게 되어 괴롭힘을 많이 당한 유사는 끝까지 구차하게 있을 수 없다는 생각을 하며 벼슬에서 물러나 강호로 돌아온다. 이제 험난한 벼슬을 뒤로하고 자연과 함께하려 한 것이다.

유사는 강호로 돌아온 뒤에 호가정을 짓는다. 호가정에서 일생을 마칠 계획을 세운 것이다. 그런데 그렇게 갖은 권세를 다 누렸던 이량이 조정에서 쫓겨났다. 이량은 이조판서에 올라 이조좌랑으로 있던 그의 아들 이정빈(李廷賓)이 상피제에 따라 사간원 정언으로 전직되자 이번에는 아들 친구를 내세워 이조좌랑에 앉혔다. 이로써 기대승(奇大升)·허엽(許曄) 등 사림들의 반발을 산다. 이량은 허엽·기대승 이산해(李山海)·윤근수(尹根壽) 등을 조정에서 몰아내려 했으나 결국 탄핵을 받아 관직을 삭탈 당한다. 흔히 윤원형, 심통원, 이량을 가리켜 명종 때의 '삼흉(三凶)'이라 하는데, 드디어 그 이량이 벼슬에서 쫓겨난 것이다.

이량이 쫓겨난 뒤에 조정에서 다시 유사에게 영해도호부사를 제수한다. 그러나 상소문까지 올려 관직에 더 이상 나아가지 않고, 강호를 노닐면서 일생을 마쳤다. 이 부분에서 유사가 녹과 이끗에 연연해하지 않았음을 알 수 있다. 특히 늙어 죽을지언정 권세와 이익을 뒤쫓지 않았는데, 가장에 나온 다음 기록이 눈에 띈다.

> 공은 타고난 자품이 높고 엄격하였으며 도량도 넓었다. 그리고 그 뜻과 지조도 매우 굳어 의리에 어긋나는 일은 하지 않았으며, 도리에 맞지 않은 일은 구차하게 세속을 따라가지 않았다. 그래서 차라리 농촌에서 늙어 죽을지언정 남의 권세와 이익을 찾아가지 않았다. 이 때문에 군읍에서만 방황을 하다가 안고 있던 뜻을 펴지도 못하고 작고하였다.

명종 때의 삼흉 중 하나인 이량이 쫓겨난 뒤 조정에서는 유사에게 다시 벼슬을 주었지만 끝끝내 나아가지 않고 강호를 노닐면서 일생을 마쳤다.

유사가 어떤 인품을 지녔는지를 알 수 있는 대목이다. 유사는 타고난 자품이 고고하고 뜻과 지조가 굳었던 사람이다. 또한 의리가 있어서 도리에 맞지 않은 일은 하지 않았다. 그리하여 농촌에서 늙어 생을 마감한다 해도 세상의 이익을 따라가지 않았다. 당시는 권신과 척신이 득세를 하던 시절이기 때문에 너나없이 세상의 이익을 좇기에 바빴다. 관직에 오른 사람으로서 이들 세력가들의 눈에 든다면 더 높은 관직에 오를 수가 있었기에 많은 사람들은 소신을 밝히기를 꺼려했다. 그렇지만 유사는 이러한 사람들과는 다른 행보를 보였다. 이 때문에 자신의 뜻을 당당히 펴 보지도 못하고 생을 마감했던 것이다.

유사는 학문적으로도 이야기할 수 있는 부분이 있다. 특히, 제례에 대한 지식이 해박했던 것으로 보인다. 가장에 실린 내용을 들어본다.

> 공은 말년에 일찍이 제사 지내는 조목을 정하였다. 사중(四仲)의 향사로부터 명절이나 초하루의 차례까지 모두 절목을 만들었고, 훈계의 말도 붙여 모든 자식들에게 보여주었는데, 애를 쓴 글이 다 예의에 합당하였다. 당시만 해도 중고(中古) 이전이어서 이러한 예를 강론하는 사람이 없었는데, 오직 공만이 풍속을 바로잡고 행하였으니 그 평생 학문의 실력을 무시할 수 없다.

위의 기록을 보면, 유사가 학문 부분에서 장점을 보인 부분은 제례였음을 알 수 있다. 당시에 예를 강론하는 사람이 없었는데, 유사는 달랐다고 하였다. '사중'이란 1년 12달 가운데 중춘(仲春)·중하(仲夏)·중추(仲秋)·중동(仲冬)을 이르는 말이다. 곧, 음력으로 2·5·8·11월을 가리킨다. 『설강유고』 제8편을 보면, 「시제홀기(時祭笏記)」가 있는데, 위 글에서 말한 절목은 바로 이를 두고 한 말인 듯하다.

또한 유사는 문장 부분에서도 나름대로 특징을 지니고 있었다. 다음 내용을 들어 본다.

> 공의 문장도 점잖은 것이 많을뿐더러 고인의 글도 고상한 것을 좋아하였다. 일찍이 자후(子厚)의 글을 베껴서 세 권의 책을 만들었고, 부사가 되었을 때 심광언(沈光彦)에게 부탁하여 세상에 출간하도록 하였다.

유사는 옛사람들의 글을 좋아했다. '자후'는 당나라의 시인인 유종원(柳宗元)을 가리킨다. 유종원의 글도 베껴 세 권의 책으로 만들어 출간까지 했다고 하였다. 위 글을 통해 유사의 문장 취향을 알 수 있다.

유사는 연산군의 폭정이 한창 심하던 때에 이 세상에 태어났다. 4세에 중종반정이 일어나 연산군의 폭정 시대는 막을 내렸으나 이번에는 권신들의 득세로 지각 있는 사림들은 자신들의 뜻을 원만히 펼 수가 없었다. 그래서 26세에 과거시험에 합격한 뒤에 주로 외직에 머무르게 된다. 아마도 외직에 있으면서 일반 백성들의 삶을 눈으로 직접 보고 느낀 점이 많았을 것이다. 유사는 그 외직을 맡아 선정을 베풀어 사람들로부터 인심을 얻는다. 유사의 일생에서 가장 힘들었던 때는 아마도 이량과 뜻이 달라 관직에서 스스로 물러났던 그 무렵이었을 것이다. 이량은 당시 최고의 권세를 누리면서 세력을 확대할 마음으로 유사에게 자신과 뜻을 함께하도록 요청하였다. 그렇지만 유사는 이에 응하지 않았으니, 그의 소신은 존경받을 만하다. 만일 이량의 요청에 응했다면, 권력을 얻었을 것이요, 어쩌면 탄탄대로의 길을 걸었을 것이다. 이 부분에서 유사의 고고한 인격과 도리를 중시하는 태도를 알 수 있다.

이번에는 유사가 교유한 문인들을 살펴보자. 『설강유고』 제6편 서간문을 보면, 유사가 지인들에게 보낸 편지글이 있다. 여기에서 거론된 문인들을 적어 보면 다음과 같다.

한윤명(韓胤明), 송인수(宋麟壽), 노수신(盧守愼), 성세창(成世昌), 조광조(趙光祖), 이황(李滉), 정광필(鄭光弼), 김응기(金應箕), 신용개(申用漑), 소세양(蘇世讓), 안당(安瑭), 어영준(魚泳濬), 김안국(金安國), 김대효(金大孝), 나세찬(羅世纘), 임형수(林亨秀), 홍섬(洪暹), 유희춘(柳希春), 기대승, 윤두수(尹斗壽), 유홍(兪泓), 민기(閔箕), 심희수(沈喜壽), 윤춘년(尹春年), 한준겸(韓浚謙), 남응룡(南應龍), 조사수(趙士秀), 허자(許磁), 이산해(李山海), 박순(朴淳), 이이(李珥), 유성룡, 황여헌(黃汝獻), 유근(柳根), 김계휘(金繼輝).

더 많은 사람들에게 편지를 부쳤을 것이나 문집에는 위 35명의 이름이 보인다. 35명의 면면을 다 볼 수는 없으나 대체로 당대에 사림으로 분류되는 인사들이라는 것을 알 수 있다. 이 중에서 이황(1501~1570)에게 보낸 편지글의 처음 부분을 옮겨 본다.

> 영남과 호남에 떨어져 사니 서로의 거리가 천 리에 가깝습니다. 언제나 안부가 드물어 상대해서 이야기해 볼 길이 없으니 한탄할 때가 실로 많습니다. 그런데 매양 먼저 베푸신 편지를 받고 가르쳐 주시는 것이 더욱 지극하니 감사한 마음이 실로 깊으며 그때마다 마치 쇠잔한 병이 오두(烏頭)의 좋은 약제를 먹고 소생하는 듯합니다.

이황은 유사보다 2년 더 위이다. 이 편지글을 통해 이황이 편지를 먼저 보내니 유사가 답장을 했음을 알 수 있다. 또한 '호남'을 말한 것으로 보아 유사가 말년에 고향에 내려와 있을 때 보낸 편지라 할 수 있다. 당시에 이황은 안동에 있었고, 유사는 호남에 있었다. 때문에 서로의 안부가 궁금해도 거리가 머니 쉽게 물어볼 방법이 없었다. 간헐적으로 오가는 편지를 통해서만 서로의 안부를 주고받았으니 소식을 들을 때면 얼마나 기뻤겠는가. '오두'란 독성이 강하여 약효가 좋은 약재로, 제자의 모범이 되는 스승을 비유할 때 흔히 쓰는 말이다. 중국의 문헌『송원학안(宋元學案)』권24,「상채학안(上蔡學案)」를 살펴보면 송나라의 학자 사양좌(謝良佐)가 스승 정호(程顥)를 하직하고 돌아가면서 "우리들이 조석으로 선생을 따라 행실을 보면 배우고 말씀을 들으면 기억하였으니, 비유하자면 사람이 오두를 복용하는 것과 같다. 그것을 복용할 때는 얼굴에 윤기가 나고 근력이 강성하지만 갑자기 오두의 힘이 없어지면 장차 어찌될 것인가."라고 말하였다. 유사는 이황을 마치 스승과 같이 모신 것이다.

다음은 조광조(1482~1519)에게 쓴 편지글이다. 내용을 보면, 이 편지는 1519년 기묘사화를 겪은 뒤에 조광조가 능성(綾城, 현 전남 화순)으로 유배를 가게 되었을 때 보냈음을 알 수 있다.

먼지 낀 자리에 병들어 누웠다가 문득 헌하(軒下, 상대방에 쓰는 명칭)가 능성으로 가신다는 말을 듣고 정신이 날아가 버리고 간담이 놀라 어찌할 바를 몰랐습니다. 근래에 와서 학문을 주창하고 도의를 지킴으로써 인심이 모처럼 바로잡히고 청류(淸流, 청렴결백한 선비)가 점점 진출하니 사문(斯文)이 여기에 있어서 바야흐로 문명의 치화(治化)를 기대했었는데, 어찌하여 기수(氣數)의 오르내림이 이다지도 변한단 말입니까. 헌부(憲府)의 직이 헌하에게 과분한 것이 아니었습니다. 다만, 명성이 너무나도 높아 여러 시기하는 무리들이 들고 일어나 이렇게 불칙한 재앙을 일으키고 말았습니다. 이는 헌하의 불행이 아니라 바로 사림의 불행입니다. 만약 한가롭고 궁벽한 고을을 얻어 일찍 돌아가 글이나 읽었더라면 어찌 오늘 같은 일이 있었겠습니까.

조광조는 유사보다 21년 위이다. 당시에 조광조는 신진사류로서 사림들의 추앙을 받고 있었다. 유사도 마찬가지로 그러한 조광조를 존경했을 것이다. 그런데 기묘사화가 일어나 마침내 조광조가 능성으로 유배를 가게 되었다는 소식을 접하였다. 평소 존경해 마지않던 사류가 뜻하지 않게 유배를 가게 되었으니 심히 놀랬음을 알 수 있다. 사림들이 이제 막 학문을 주창하여 유학이 부흥할 조짐을 보이고 있었는데, 기묘사화와 같은 변고가 생겨 사문이 내리막길을 걷지 않을까 하는 염려하는 마음도 말하였다. 그리고 마지막으로 기묘사화가 일어난 사유를 조광조의 높은 명성 때문이라고 하면서 차라리 궁벽한 고을에서 글을 읽었더라면 화를 입지 않았을 것이라 하였다.

박순(1523~1589)과 기대승(1527~1572)에게 보낸 편지글의 일부를 소개한다.

① 박순에게 보낸 편지글 일부

근래에 들으니, 조정에 서서 정론(正論)을 펼쳐 사림들이 의지하고 지조의 청고함과 행실의 충실함이 조반(朝班)에서 크게 뛰어났다 했습니다. 큰 띠를 드리고 나라를 태산같이 편이할 기대를 해볼 만하다 하니 먼저 조정을 위하여 축하하고, 뒤에 개인적으로도 기뻐하는 바입니다. 어찌 말로 다 형언하겠습니까.

② 기대승에게 보낸 편지글 일부

들으니, 퇴계와 더불어 사단칠정(四端七情)의 동이(同異)를 확론

했다 하는데, 정미한 이치와 적저(積著, 속에 쌓여 밖으로 나타남)의 실마리를 모두 분석했습니까? 천인(天人)과 소매를 걷어붙이고 고금의 의론을 통찰했다는 옛 사람에게 손색이 없다고 하겠습니다. 하늘이 문운(文運)을 열어 큰 선비를 배출했으니 극히 사문의 다행입니다.

박순은 그의 나이 31세 때인 명종 8년(1553년) 8월에 과거시험에 장원급제하여 성균관 전적을 시작으로 여러 관직을 두루 거쳐 57세 때 영의정에 오른 인물이다. 박순은 본인 스스로 조정에 있으면서 나라를 위해 경륜을 펼칠 만한 인물이 있으면 선후배를 가리지 않고 왕에게 추천하였다. 44세 부제학 시절에는 한참 선배인 이황을 추천하였고, 후배인 성혼(成渾)과 이이도 추천하여 능력을 마음껏 펼칠 수 있도록 하였다. 즉, 사림의 우두머리와 같이 거의 모든 일을 앞장서서 해결하였다. 때문에 많은 사림들이 박순을 의지하였다. 반면, 반대파로부터 우두머리로 지목받아 61세 때 탄핵을 받기 이른다. 사림들의 우두머리 역할을 하니 사림들은 의지했으나 반대파의 모함을 받는 명암이 있었던 것이다. 유사가 ①의 편지글에서 말한 "조정에 서서 정론을 펼쳐 사림들이 의지하고 지조의 청고함과 행실의 충실함이 조반에서 크게 뛰어났다."라고 한 말이 바로 이를 두고 한 것이리라.

기대승은 학자이면서 문인이요, 정치인이기도 하다. 한번은 과거시험을 치르기 위해 한양으로 가던 중, 김인후·이황 등과 만나 '태극설'을 논한 적이 있었다. 이것이 인연이 되어 이황을 찾아가 의견을 나누었는데, 무려 12년 동안 서신을 교환하며 학문을 논의한 일은 지금까지 사람들의 입에 오르내리고 있다. 그중 7년 동안 '사단칠정'에 대한 의견을 개진하였다. 요점은 이황의 '이기일원론'에 반대하고, 사단칠정이 모두 정(情)이라는 '주정설'을 주장한다. 또한 주기설(主氣說)을 제창함으로써 이황의 주리설(主理說)과 반대의 입장을 보였다. 이러한 학문적인 토론을 편지를 주고받으며 오랫동안 한 일은 극히 이례적이라 할 수 있다. 때문에 유사도 이 부분을 눈여겨보았던 것일까? 기대승에게 사단칠정의 동이를 확론했으니, 정미한 이치의 실마리를 모두 분석했냐고 물었다. 이황과 기대승의 학문적 논의의 과정을 잘 알고 있었던 것이다.

유사에 대비했을 때 박순은 20년이 늦고, 기대승은 24년이 늦다. 둘 다 모두 유사에게는 고향의 후배들인 셈이다. 한 사람은 조정에서 사림을 대표하고 있고, 또 다른 한 사람은 당대 석학인 이황과 대담하게 학문을 논의하고 있으니 독려해주고 싶은 마음이 있었을 것이다.

이황과 조광조, 박순, 기대승 외의 문인들에게 준 편지글도 모두 살피면 좋을 텐데, 그렇게 하지 못한 점이 아쉽다. 흔한 말로 "그 사람을 알려거든 친구를 보아라."는 말이 있다. 유사는 당시 사림들과 친분을 쌓으면서 불의를 보면 용납하지 않았다. 이러한 성품은 다음에 말한 「호가」와 깊은 관련을 맺는다 하겠다.

읊조림으론 부족해 큰 노래를 부른 것인가?

강호로 돌아온 유사는 호가정을 세운 뒤 자연과 벗하며 살아간다. 그 모습을 한말의 기우만(奇宇萬)은「설강유사서」에서 다음과 같이 말하였다.

> 이제 그 기상을 말한다면, 명아주 지팡이 짚고 복건 쓰고 병강이나 구강의 사이에서 노닐면서 날마다 상대하는 것이 호수의 빛과 산의 빛, 그리고 흰 구름 푸른 노을이다. 거기서 긴 소리로 한 곡조의 호가를 노래 부르는 모습은 연화(煙火)를 먹고 사는 속인의 기상이 아니다. 그 취미를 말한다면, 화려한 벼슬이나 녹 따위는 마음에 두지 않았다. 산과 물에다 정을 두고 고기와 새들과 함께 즐기며 세상에 숨어 살되 불만이 없고, 자신이 좋아하는 것만을 찾아갈 따름이었고…….

유사가 강호로 물러온 뒤로 날마다 상대한 것은 호수의 빛과 산의 빛, 흰 구름과 푸른 노을이었다. 그곳에서 크게 소리 내어 노래를 부르는 모습은 속된 사람들과 차원이 달랐다. 또한 유사는 화려한 벼슬과 녹에도 연연하지 않았다. 그래서 자연과 벗하며 살아가더라도 불만이 없었다.

그렇다면 유사가 부른「호가」는 어떤 내용일까? 유사는 소서(小序)와 아울러 그 노래의 내용을 다음과 같이 전하였다.

내가 벼슬을 버리고 남쪽으로 와 병강의 남쪽 구강의 위에서 노닐면서 바라보니 왼쪽에는 추월산이 그 수려함을 보여주고, 오른쪽에는 월출산이 그 우뚝함을 보여주며, 동쪽에는 서석산의 굉장함이 서 있고, 서쪽에는 금성산의 청기(淸奇)함을 볼 수 있다. 잔잔한 호수가 수백 리에 뻗혀서 넓고 넓은데다 푸른 솔들은 둑을 둘러섰고, 하얀 모래는 언저리에 깔려 있다. 물고기를 잡는 어부와 사공들의 배가 왔다 갔다 하며 노래를 부른다. 이에 명아주 지팡이에 기대어 큰 소리로 한 곡조를 부른다.

물 좋고 산 좋음이여	水麗而山明兮
하얀 구름 솟고 푸른 안개 짙도다	剡白雲而濃碧霞
물고기 번득이고 새가 즐김이여	魚燄而鳥樂兮
푸른 버들 아른거리고 갈대도 무성하도다	靄翠柳而茁蒼葭菀
답답한 나의 생각이여	余懷之渺渺兮
서울의 대궐을 바라봄에 멀기만 하도다	望京闕而隔遐
남쪽 변경에 말년 살 곳을 마련함이여	營菟裘於南陬兮
맑은 물결에 먼지 낀 옷깃을 씻누나	滌塵襟於淸波
나의 좋아하는 것 좇아 스스로 즐김이여	從吾好而自樂兮
호연의 긴 노래를 읊어 보노라	賦浩然之長歌

소서에서는 주로 호가정 주변의 승경을 적었다. 유사가 당시에 본 호가정 주변의 모습은 왼쪽과 오른쪽에는 추월산과 월출산을,

동쪽과 서쪽에는 서석산과 금성산 등을 볼 수 있다 하였다. 또한 잔잔한 호수가 있고, 푸른 솔이 있으며, 하얀 모래도 있고, 물고기를 잡는 어부들의 배가 있다 하였다. 주변의 승경을 원근법을 이용해 보이는 대로 적은 것이다. 호가정의 위치가 높은 곳에 있으면서 멀리까지 바라다보이는 모습을 가감 없이 표현하면서 「호가」를 불렀다.

그렇다면 유사가 부른 「호가」는 어떤 의미가 담겨 있는가? 기정진이 쓴 「호가정중건기」에 그 해답에 대한 힌트가 있을 수 있다. 처음 부분을 들어 본다.

> '가(歌)' 자 위에 '호(浩)' 자를 붙인 것은 반드시 보통의 노래가 아닐 것이다. 옛날 이 말을 만들어낸 분은 누구인가? 아마도 그 포부를 감춘 채 시대를 만나지 못한 선비가 그 벅찬 가슴을 풀어낼 방법이 없어 여기에 붙여서 스스로 달랬을 것이다. 그러나 소요부(邵堯夫) 같은 이는 그와는 다르다. 천근(天根) 월굴(月窟)에다 손발을 대고 풍(風)을 타고 정(霆)을 채찍질하였으니 시대를 만나고 못 만난 것은 논의할 바가 아니다. 그러나 오히려 말하기를 "읊조림만으로는 부족하여 드디어 큰 노래를 부른다(吟哦不足 遂及浩歌)."라고 하였으니, 이래서 삼십육궁(三十六宮)을 생각하고 있는 그 분에게도 호가의 일문(一門)이 있다는 것을 알 수 있다. 그러나 우리 동방의 설강옹(雪江翁)에 이르러 비로소 누정에다 액호(額號)를 삼았으니 나는 모르겠다. 옹의 호가는 불우의 느낌을 나타낸 것일까? 아

니면 요부의 마음을 전해 받은 것일까?

기정진도 유사가 왜, 누정의 이름을 호가정이라 했는지가 궁금하였다. 그래서 중건기 처음 부분에 그 내용을 적었다.

기정진은 우선 '호가'라는 말을 만들어낸 사람부터 추적하였다. 아마도 자신이 가진 포부를 감춘 채 시대를 만나지 못한 선비가 벅찬 가슴을 풀어낼 방법으로 만들어냈을 것이라 추측한다. 이때 소요부를 말한다. 소요부가 일찍이 "읊조림만으로는 부족하여 드디어 큰 노래를 부른다(吟哦不足 遂及浩歌)."라는 말을 했기 때문이다. '요부'는 북송의 학자 소옹(邵雍)의 자로, 당대의 대학자이다. 그는 선천학(先天學)의 창시자로 알려져 있으며, 역학(易學)에 능통하였다. 위에서 말한 '천근', '월굴', '풍', '정' 등의 말은 역학에서 나오는 것들이다. 그리고 유사가 왜 '호가'를 누정의 액호로 삼았는지 잘 모르겠다고 하였다. 그러면서 의문을 제기한다. 유사가 '호가'라 이름한 까닭은 불우의 느낌을 나타낸 것인가? 아니면 소요부의 마음을 전달해 받은 것인가? 라고……. 사실 기정진도 의문을 제기했으니 '호가'의 진정한 의미를 말한 것은 아니다.

그렇다면 유사가 부른 「호가」를 보자. 「호가」는 노래이기 때문에 운율을 넣었을 텐데, 어떤 운율인지는 상상만으로 만족할 수밖에 없다. 맨 마지막 구절에서 '호연'을 말했으니, 어쩌면 '호가'의 '호'자가 무엇을 뜻하는지 알 것 같다. '호연'은 바로 맹자(孟子)가 말한 '호연지기(浩然之氣)'를 뜻한다. 맹자는 호연지기를 말하면서 "그

浩歌亭

기운이 지극히 크고 지극히 강하니(至大至剛), 정직으로써 길러 해침이 없으면 천지의 사이에 가득 차게 된다."라고 하였다. 즉, 유사는 산수 간에 누정을 짓고 호연한 기상을 쌓으면서 읊조림만으로는 부족하여 「호가」를 불렀던 것이다.

호가정의 승경을 시 지어 빛내다

유사는 호가정에서 큰 소리로 「호가」만 부른 것이 아니라 시 작품도 지었다. 아름다운 승경을 시 작품으로 옮겨 호가정을 더욱 빛냈다.

유사가 지은 호가정 시는 오언절구 1편과 칠언절구 1편 등이 현재까지 전해지고 있다. 우선 오언절구를 들어 본다.

돌베개에 소나무 그림자 아른거리고	石枕松陰轉
바람 부는 난간에 들 빛이 둘러 있다	風欄野色廻
찬 강물 밝은 달빛 속에	寒江明月裏
눈 실은 작은 배가 온다	裝雪小舟來

'돌베개'는 은거 생활을 뜻한다. 진(晉)나라 손초(孫楚)라는 사람이 은거해 살면서, "돌을 베고 물에 양치질하련다(枕石漱流)."라고 말해야 할 것을, "물을 베고 돌로 양치질하련다(枕流漱石)."라고 잘못 말했다. 왕제(王濟)가 그 말을 듣고서 잘못을 지적하자, 손초가 말하기를, "물을 베는 것은 속진(俗塵)에 찌든 귀를 씻어 내기 위함

이요, 돌로 양치질하는 것은 연화(煙火)에 물든 치아의 때를 갈아서 없애려 함이다."라고 대답했던 고사가 전한다. 중국의 이야기책인 『세설신어』에 전해 온다. 유사 스스로 은거를 하고 있다는 뜻으로 '돌베개'를 말한 것인가?

호가정에서 주변의 승경을 바라보면서 마치 묘사하듯이 표현하였다. 호가정에 있는 소나무는 돌베개에 비쳐 아른거리고, 바람이 스쳐 지나가는 난간에 들판의 빛이 둘러 있다는 표현은 사물을 자세히 살핀 결과이다. 그리고 좀 더 시야를 넓혀 저 멀리 강물을 바라다보니, 달빛이 밝은데 눈을 맞은 작은 배가 떠 있다. 아마도 계절은 겨울인 듯하다. 처음에 가까이 있는 것을 묘사하다가 나중에는 먼 데까지 그린, 원근이 합치된 작품이다.

다음 칠언절구를 감상해 보자.

아래는 구강 있고 위로는 하늘 있는데	下有九江上有天
일 없는 늙은이는 풍광에 의지하였다	老夫無事倚風烟
분주했던 지난날을 어찌 생각하리요	奔忙往跡何心計
만년엔 강 언덕 조는 새와 친구 맺었다	晩契堪憐岸鳥眠

호가정 앞에는 구강이 흐르고 위를 올려다보면 하늘이 있다. 그 사이 호가정에 있는 유사 자신은 주변의 풍광에 의지하였다. 자신이 있는 위치를 다시 한 번 확인하였다. 지난날을 돌아보니, 벼슬살이 하면서 분주하게 살았었다. 그러나 나이가 든 지금은 강 언덕

에서 졸고 있는 새와 친구를 맺을 정도로 자연인이 된 것이다.

오언절구에서는 주로 호가정 주변의 승경을 감정의 개입 없이 말하였다. 반면, 칠언절구에서는 유사 자신이 현재 어디에 있는지를 점검하면서 자연과 함께한 것에 만족해하였다.

유사가 지은 호가정 시는 원운으로 활용되어 다른 사람들이 운을 이어 시를 지었다. 우선 오언절구는 김성원(1525~1597), 이안눌(1571~1637), 이재순(李載純), 김재석(金載石) 등이 이어받았다. 김성원은 유사의 사위이고, 이안눌은 당대에 알려진 문인이다. 이재순, 김재석은 아마도 호가정 인근에 살았던 문인이 아닌가 한다. 김성원과 이안눌의 작품을 들어 본다.

① 김성원의 작품

굽힌 난간은 돌벼랑에 기댔는데	曲欄依石壁
벼랑 아래로 물이 굽이쳐 흐른다	壁下水縈廻
황홀히 진정한 경치에 오른 듯해	恍爾登眞境
어부의 두세 피리 소리가 들린다	兩三漁笛來

② 이안눌의 작품

저문 마을에 푸른 안개 끼었고	村晩靑煙合
텅 빈 강에 하얀 새 돌고 있다	江空白鳥廻
높은 누정은 본래 절경이었나니	高亭本奇絕
더욱 뜻있는 사람과 올 만하다	更與可人來

호가정 앞에는 구강이 흐르고 위를 올려다보면 하늘이 있다. 김성원은 이를 두고 "황홀히 진정한 경치"라 했고 이안눌은 "더욱 뜻있는 사람과 올 만하다"고 말했다.

김성원과 이안눌의 작품 모두 호가정 주변의 경치를 읊었다. 차이나는 점은 김성원의 작품에서는 "어부의 두세 피리 소리가 들린다"라는 구절 때문에 작품에서 소리가 들리는 듯하다. 이를 보통 청각적 이미지라고 한다.

한편, 이안눌이 유사의 호가정 시에 차운하게 된 계기는 『동악집(東岳集)』 권9, 「담주록(潭州錄)」의 시 제목을 통해 알 수 있다. 이 「담주록」에 '진사 백선명·진사 임자립과 같이 호가정에서 노닐다.'라는 시 제목이 있다. 이 시 제목과 함께 백선명과 임자립이 누구이며, 호가정이 누구의 집인지 등을 작은 글씨로 적었다. 백선명은 백진남을, 임자립은 임득신을 말한다. 이 중 백진남은 특히, 장흥 출신 문인 백광훈(白光勳)의 장남으로 알려져 있다. 그리고 이안눌은 호가정을 설명하기를 "광주 서쪽 마곡리에 있은데, 옛날 종성부사 유사의 집이다."라고 하였다. 이안눌은 그의 나이 40세 2월부터 같은 해 12월까지 담양부사를 역임한 바 있다. 「담주록」은 이때 부사 시절에 지은 시를 모았으니, 이안눌이 호가정에 온 것도 바로 이 무렵이라고 할 수 있다. 이안눌과 호가정과의 인연에 대한 의문이 풀린다. 이안눌은 이때 호가정에서 노닐면서 오언절구 두 편을 지었는데, 위의 작품은 첫 번째에 해당한다. 두 번째 작품은 뒤에서 언급할 것이다.

유사의 칠언절구의 운은 오겸, 이안눌, 김재석이 이어받았다. 이 중에서 오겸(1496~1582)과 이안눌의 시를 감상해 보자.

① 오겸의 작품

계산의 동천(洞天)을 찾아왔더니	爲訪溪山一洞天
명사십리에 구름 연기 잠겼도다	沙明十里護雲烟
주인의 맑은 뜻 끝내 뺏지 못하니	主人淸意終難奪
우연히 참 인연 만나 반나절 졸았다	偶得眞緣半日眠

② 이안눌의 작품

석양에 산이 밝고 물에 하늘 비추는데	落日山明水映天
강 건너 외론 술집에 밥 짓는 연기 인다	隔溪孤店起炊煙
솔숲의 돌계단은 씻은 듯 깨끗한데	松林石磴淸如洗
모래밭의 백로는 앉아서 조는구나	坐對沙邊白鷺眠

오겸은 유사보다 7년 더 나이가 많다. 후배 유사가 고향으로 내려와 호가정을 짓고 머물고 있었으니, 선배로서 사는 모습이 궁금했을 것이다. 오겸은 호가정을 '동천'이라 하였다. 동천은 신선이 사는 세상을 이른다. 곧, 오겸은 호가정을 마치 신선이 사는 곳에 대비해 말한 것이다. 어느 날 오겸이 호가정을 찾았다. 호가정에서 아래 강물이 흐르는 곳을 보니 명사십리가 펼쳐져 있는 듯하였다. 누정의 주인 유사와 이런저런 이야기를 나누었는데, 주인의 뜻이 워낙 완고해 그 생각을 빼앗지 못하였다. '맑은 뜻[淸意]'은 유사가 지닌 뜻을 말한다. 당시 벼슬을 마다하면서 자연을 벗 삼아 살아가는 모습을 두고 한 말이라 생각한다. 그리고 반나절 동안 머물

렸다.

이안눌의 작품은 앞에서 본 오언절구와 마찬가지로 호가정 주변의 풍광에 주목하였다. 하루의 때 중에서 해가 서쪽으로 넘어가려고 하는 무렵이다. 석양에 해가 넘어가면서 산에 해가 비추니 밝게 보인 것이다. 저녁 무렵이기에 저 멀리 강 건너 술집에서는 밥을 짓고 있는 듯이 연기가 일었다. 솔숲의 돌계단은 깨끗하고, 모래밭의 백로가 졸고 있다고 했으니 사람들의 발길이 자주 닿지 않는 한적한 곳으로 생각한 것이다.

한편, 이안눌은 위에서 든 두 작품 외에 호가정과 관련하여 또 다른 두 작품을 남겼다. 두 작품 모두 들어 본다.

작품 ①

대나무 밖으로 인가는 멀고	竹外人家遠
모래톱에 석양빛이 비추인다	沙汀下夕暉
시내와 산은 응당 힘이 있어	溪山應有力
나 붙잡으니 돌아갈 수 없다	留我不能歸

작품 ②

사촌에 해 지고 물새가 지저귀는데	沙村寥落渚禽啼
이슬에 숲속 젖고 달은 서쪽으로 기우려 해	露滴高林月欲西
늙은 중 물 길으려 새벽 일찍 일어나	汲水老僧晨起早
구리사발 들고 깊은 산길 내려간다	自携銅鉢下幽蹊

오겸은 호가정 아래 명사십리와도 같은 흐르는 강물을 두루 감상한 후 시를 써 호가정을 '동천'이라 표현했다. '동천'은 신선이 사는 세상을 이른다.

작품 ①은 「담주록」에 실린 '진사 백선명·진사 임자립과 같이 호가정에서 노닐다.'라는 시의 두 번째이다. 호가정을 중심에 두고 뒤의 산과 앞의 강가 모습을 말하였다.

작품 ② 또한 이안눌이 담양부사 시절에 지은 것으로 『동악집』 권9 「담주록」에 실려 있다. 시 제목을 풀어 보면, "호가정에서 새벽에 일어나 즉흥적으로 벽상의 시에 차운하다"이다. 여기서 말하는 '벽상의 시'란 누구의 시를 두고 말하는지 알 수가 없다. 작품 ②와 같은 운을 한 시는 현재 전하고 있지 않기 때문이다. 안타까운 일이다.

호가정에서 다시 한 번 유사를 떠올리며

호가정을 다시 한 번 올라가 보았다. 처음 왔을 때보다 낯선 느낌은 덜하다. 오히려 유사와 호가정에 대해 좀 더 자세히 알아보았기 때문에 다정한 마음이 든다. 그러고 보니, 호가정의 역사(役事)를 말하지 않았다. 문화재청에 소개된 호가정에 대한 내용을 보면, "명종 13년(1558년)에 처음 세웠으나, 임진왜란과 정유재란 때 불타 없어지고 고종 8년(1871년)에 다시 지었다. 그 뒤 1932년과 1956년에 고쳐 지었다."라고 하였다. 1558년은 유사의 나이 56세이다. 즉, 유사는 그의 나이 56세 때 호가정을 처음 세웠다. 그 뒤 전쟁을 겪으면서 불에 타 없어졌다가 1871년에 중건하였다. 이때 중건기를 쓴 사람이 기정진이다. 기정진은 이 중건기에서 다음과 같이 적었다.

옹의 뒤 얼마 안 되어 임진·정유의 병란이 있어 정자가 풀밭이 되어 버리기를 수백 년이 되었다. 그러나 사방 산에는 흰 구름이 그대로 뜨고, 구강에는 물이 그대로 많이 흐르고 있어 선생의 기풍이 함께 오래 전해지고 있으니 어찌 꼭 정자를 필요로 하겠는가.

기정진은 호가정이 없더라도 유사의 기풍은 같은 장소에 남아 있기에 굳이 누정을 지을 필요가 있겠는가라고 반문하였다. 기정진은 호가정의 불필요성을 말한 것이 아니라 여전히 유사의 기풍이 남아 있음을 강조한 것이리라. 현재 호가정에 오르는 계단이 석재로 되어 있으니 1956년 이후로도 계속 개보수 공사를 했으리라 생각한다.

호가정에 올라 다시 한 번 유사를 떠올려 보았다. 유사는 1503년에 태어나 중반을 거쳐 1571년에 생을 마감하였다. 유사가 태어나기 이전에 벌써 무오사화와 갑자사화가 일어났었고, 생을 살아가면서 기묘사화, 을사사화 등을 겪었다. 사림들과 친하게 지낸 사람으로서 벼슬에 있을 때 이러한 일들을 겪었기 때문에 고뇌의 나날을 보냈을 것이다. 만일 유사가 세상의 추이에 따라 발맞추어 살아갔다면 내직을 돌아다니며 한때의 영화를 누렸을 수도 있다. 그러나 유사는 그러한 삶을 살지 않았다. 때문에 어려운 시기에 외직으로만 벼슬살이를 했던 것이다. 외직에서 오히려 백성들의 삶을 가까이서 볼 수 있었다. 정치가 어지럽던 시절이어서 백성들의 삶 또한 암울하였다. 이러한 백성들을 유사는 어루만지며 위로하였다.

벼슬살이를 그만두고 향리로 돌아온 유사는 처음에는 앞으로 어떻게 살아갈 것인가를 고민했으리라. 그러나 그러한 고민은 호가정을 지음으로써 다 떨쳐 버렸다. '호가'라는 이름부터 남다르지 않은가. 큰 소리를 내어 노래를 부르겠다는 것은 앞날을 당당히 헤쳐 나가겠다는 의지의 또 다른 표출이라고 하겠다. 벼슬살이를 시작하면서 꾸었던 꿈이 결국에 무산되었을지언정 유사는 떳떳하였다. 만일 척신 이량이 자신의 편이 되어달라고 요청했을 때 그 말을 그대로 따랐다면, 어떻게 되었을 것인가? 떳떳한 양심을 저버렸기에 오히려 큰 소리를 내어 노래를 부르지 못했을 수도 있다.

유사를 필두로 몇몇 인사들이 호가정 시를 남겼다. 그 편수를 보면, 적다는 생각을 떨치지 못한다. 옛날에 비해 호가정 주위의 풍광이 얼마나 변했는지는 모르겠지만, 옛날이 더 멋지지 않았을까? 이러한 멋진 풍경을 옛날의 문인들은 그냥 지나치지 않고, 반드시 시와 문장으로 기록했을 것이다. 많은 시와 문장의 결실로 풍성한 문단이 형성되지 못한 것이 아쉽다.

참고문헌

이안눌, 『동악집(東岳集)』

『누정제영(樓亭題詠)』, 광주직할시, 1992.

서산유씨설강공파문회(瑞山柳氏雪江公派門會), 『설강유사』, 2000.

http://www.heritage.go.kr/heri/cul/culSelectDetail.do?pageNo=5_1_1_0&ccbaCpno=3412400140000(검색일 : 2019. 08. 25.)

※ 유사의 문집 『설강유고』의 인용은 2000년에 서산유씨설강공파문회에서 펴낸 번역본을 참조했음을 밝힌다.

천둥을 채찍질하여 바람과 물을 가르고 노래하는 호가정

'호가정'이라고 이름을 부르다 보면 묘하게 무등산 원효계곡 취가정과 오버랩이 된다. 역적으로 몰려 장살된 김덕령 장군이 석주 권필의 꿈에 나타나 술에 취해 자신의 억울함을 하소연한 노래 「취시가(醉時歌)」와 그 노래의 제목에서 가져온 '취가정'.

호가정을 지은 설강 유사는 꿈으로 말하지 않고 현실로서 세상을 살아냈다. 사화로 얼룩진 삼엄한 시기, 가장 큰 권력의 핵심에서 그를 엮으려 할 때 그는 돌아와 버렸다. 향리로 돌아온 그는 당당하게 노래 부르며 살겠다고 마곡리에 정자를 짓고 호가정이라 명명했다. 현실의 난관을 극복하기 위해 스스로 무장해제하고 촌부로 돌아와 버린 것이다. 낙향 후에도 그는 어지러운 조정의 권력에 눈길 발길 주지 않았다. 너희는 그렇게 살으렴. 나는 강물을 베개 삼아 귀를 씻으며, 바위를 칫솔 삼아 이빨을 닦으며 살겠노라. 그런 삶을 입증하는 곳이 호가정이다.

호가정이 자리한 마을은 행정구역상 동곡동의 마곡마을이다. 강 안을 사이에 두고 승촌뜰이 마주하고 있는 이곳은 풍수상 매화낙지의 형국이라 자손만대가 번영할 입지였다. 1950년대까지 강과 강 사이를 잇는 나루가 있었고 나루터의 이름은 매실나루였다. 황룡강의 가장 하류 지점이다. 매화의 열매인 매실로 나루터 이름을 명명한 것에는 풍수적인 의미를 강화하고자 하는 뜻이 있었을 것이다. 한데 마곡이란 지명과 마실이라는 지명이 만나는 것으로 보아 마실이 매실이 된 것은 아닌가 하는 의견도 있다.

어쨌든 이 마을이 대대손손 살기 좋은 마을이라는 생각은 든다. 예전에는 강물이 마을 쪽으로 파고들어 나룻배를 타고 가 강 건너 땅을 경작해야 했는데, 치수 사업으로 마을 앞에 경지가 생겨났다. 멀리 가지 않고 집 앞의 뜨락을 가꾸는 것으로 삶의 이동경로가 바뀐 것이다. 강 건너 이상세계가 강 이편 문전옥답이 된 셈이다.

설강 유사의 생애도 그렇다. 강을 바라보며 저 강 건너를 그윽이 관조하고, 맑은 물고기와 모래톱 위의 한가로운 새들의 졸음을 가까이 했다. 강 건너가 피안이라면 호가정이 있는 곳은 현실이 된다. 그렇지만 저기 내 것이 아닌 것에 크게 미련 따위를 두지 않는다. 여기 있는 현실이 훨씬 더 값지고 소중한 것임을 진즉에 깨달았기 때문이다. 결국 마곡마을이나 이 마을에 정자를 마련한 설강 유사나 모두 현실에서 승리한 것이 아닌가.

그래서인지 정자는 밝고 쾌활하고 돌올하다. 보란 듯이 강의 언덕 위에서 날아오를 듯 솟구쳐 있다. 물론 이런 경관은 아래서 보

았을 때이고, 막상 가까이 가면 고즈넉한 풍모다. 사치스럽지 않은데, 이곳저곳 손질을 하며 갖은 기교를 넣었다. 마치 송순의 면앙정과도 비슷한 느낌을 준다.

옛적에는 방이 있었는데 지금은 마루로 바뀌었다. 천장에는 다락이 있다. 함께 간 아이가 묻는다. 저건 뭐예요. 아마 담양 학구당에서 그렇듯이 일종의 책을 넣어두었을 공간처럼 보여 서고라고 말하고 말았다. 마루 사방에는 문을 여닫을 수 있는 들어열개문이 있어 사면에 각각 다른 풍경을 감상할 수 있다. 설강이 그의 시에서 말했듯 좌로는 추월산이, 우로는 월출산이, 동으로는 서석산이, 서쪽으로는 금성산이 보이는 승경의 발 아래로 세상과 담을 쌓아 버린 또 하나의 세계가 있다.

모래톱이 빛나고, 물새들은 졸고, 물고기는 비늘을 반짝이고, 어부들은 피리를 불고, 처사의 삶을 권면한 오류선생처럼 버드나무는 하늘거리고, 거기에 설강 유사의 굽히지 않는 신념이 반추되고 있었다. 천둥을 채찍 삼아 바람과 물을 가르며 세속에 물들지 않고 살아갔던 그의 정자는 강에서 바라보면 지휘소나 관측소 같은 위상을 지니지만, 막상 누정에 들어서면 평온하기 그지없다.

언덕을 오르는 길에 커다란 바위 위에 새겨진 여러 편의 옛 시에서, 현실의 억압으로부터 자유로워지고자 했던 선비들이 피를 볼 수밖에 없던 시대, 사화의 시대에 명아주 지팡이를 짚고 흥얼거리는 설강이 저만치 가고 있다는 착시가 일어난다.

여행팁

꽃게장으로 유명한 동곡에서 나주 방향으로 가다 언덕을 차오르는 곳의 왼편에 호가정으로 가는 길이 있다. 마치 무릉도원에 드는 것처럼 좋은 경관은 언덕과 벼랑을 넘어서야 나타나는 것 같다. 마곡리를 향해 가면 산이 곶처럼 튀어나오고 강 제방이 보인다. 간척된 뜨락에는 미나리꽝이 드문드문 보이는데 그 길 따라 가면 호가정 표지판이 보인다. 언덕 아래에는 캠핑장이 있고, 낚시꾼들이 시간을 낚고 있으며, 제방은 영산강 자전거 도로다. 언덕 위로 보면 바위에 새긴 다양한 글들이 호가정의 풍취와 역사를 담고 있다. 원운과 차운 등의 시를 읽으며 굽어진 소나무 등걸에 눈길 주다 보면 호가정이다. 한 바퀴 호가정을 돌고 신발을 벗고 마루가 되어 버린 방 가운데에 들어가 앉으면 바람의 말씀도, 물이 써내려간 역사도 저절로 익혀지는 듯하다. 시간이 되면 기둥에 기대어 노래 한 곡조 뽑아도 상관할 이 아무도 없다.

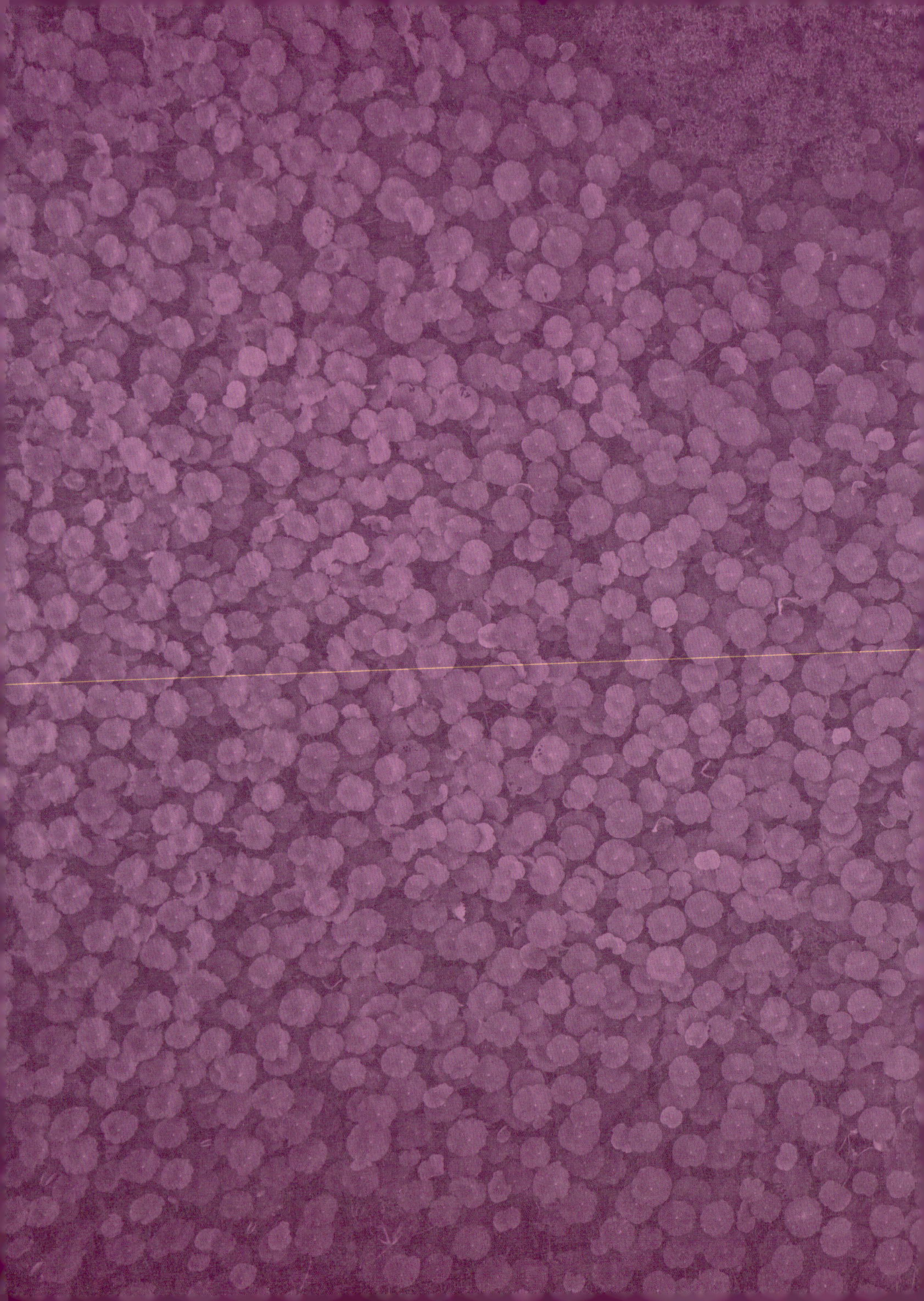

만귀정晩歸亭

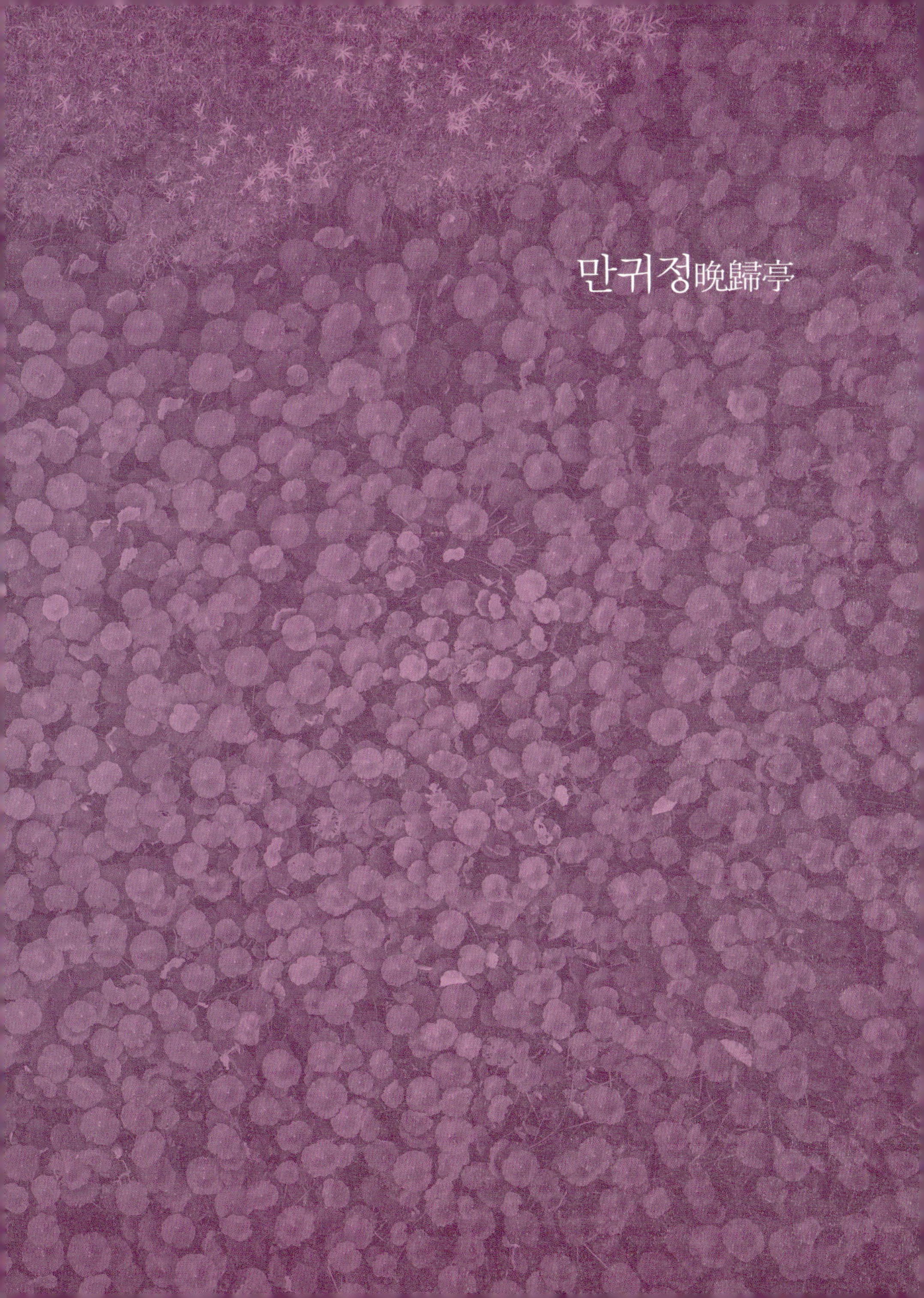

만귀정
晩歸亭

누정은 건물이기 때문에 관리를 하지 않으면 사라지기 쉽다. 그리고 그 사라진 누정을 다시 복원한다는 것은 쉽지 않을 듯하다. 누정을 복원하기 위해 가장 필요한 것은 복원의 당위성일 것이다. 꼭 복원해야 할 필요성이 없다면 많은 경비를 들여 복원을 하지 않을 것이고, 설사 복원했다 해도 그 뒤의 관리는 누가 할 것인가. 이로써 전통 시대에 지어졌다가 사라진 누정은 대체로 복원되지 못하고 그 이름만 전하고 있는 경우가 많다. 이런 중에 그렇지 않은 누정도 있으니 '만귀정'이 그러하다.

만귀정, 광주 서구의 제1경

광주광역시 서구에는 여덟 경치를 자랑하는 8경이 있다. 제1경은 만귀정이요, 제2경은 금당산이며, 제3경은 풍암호수요, 제4경은 서창들녘낙조이다. 그리고 제5경은 용두동 지석묘요, 제6경은 양동시장이며, 제7경은 운천사 마애여래좌상이요, 마지막 제8경은

5·18기념공원이다. 이들 8경은 광주 서구의 자랑스러운 대표 경관으로 사람들의 발길이 끊이지 않는 곳이기도 하다.

그렇다면 왜, 만귀정을 제1경으로 생각한 것일까? 이런 데에는 그럴 만한 이유가 있을 것인데……. 일단 그 이유를 알아보기 위해 주변 경관을 샅샅이 살펴보기로 했다.

만귀정이 자리한 곳의 현재 주소는 광주광역시 서구 동하길 10이요, 옛 주소는 세하동 274-1번이다. '동하'의 '하'도 그렇지만 '세하'의 '하'도 연꽃을 뜻하는 '荷'를 한자로 썼으니, 옛날이나 지금이나 모두 연꽃과 인연이 깊은 동네임에 분명하다. 그래서 마을 이름도 '동하마을'이라 했을까. '동하마을' 이정표 역할을 하는 표지석 옆에 '만귀정' 입구를 나타내는 표지석이 서 있어 일단 따라 들어가 보았다. 만귀정은 마을 입구에서 그리 멀지 않은 곳에 자리하여 묻지 않아도 쉽게 찾을 수가 있었다. 그리고 절로 나오는 감탄사. 연꽃은 볼 수 없었으나 푸른 연잎이 연못에 가득하여 장관을 이루었기 때문이다. 연꽃의 의미가 들어간 마을 이름에 맞추어 연지를 만들었는지, 아니면 그 반대로 연지가 있어서 마을 이름이 되었는지 헷갈리기는 하지만 아무튼 녹색의 연잎을 보노라니 시야도 선명해짐을 느낀다. 광주광역시 서구문화원에서 소개한 만귀정의 설명에 따르면, 연못의 면적이 4,600m²(약 1,400평)이라고 하니 규모가 작지는 않다.

만귀정은 연지에 둘러싸인 첫 번째 누정이다. 우선 3~4단의 석벽 위에 있어 눈을 위로 하여 올려다보아야 한다. 누정은 평지에도 세우지만 주변 풍광을 보면서 때로는 높은 지대에 건립하기도 하는데, 만귀정은 평지도 아니고 그렇다고 그리 높은 곳에 세워진 것도 아니다. 만귀정에 오르기 전에 만귀정이 어떤 누정인지 설명한 글이 눈에 들어온다. 그런데 이 설명한 글이 두 개다. 왼편에 있는 설명 글에는 서구8경 중에서 만귀정이 제1경이고, 시 지정 문화재자료 제5호라는 말과 함께 누정의 유래와 위치 등을 적었다. 오른쪽에 있는 설명 글은 왼쪽에 있는 내용을 축약한 듯한 것으로 그대로 적어 본다.

이곳은 흥성장씨(興城張氏)로 이 마을에 처음 들어온 장창우(張昌羽)가 후학을 가르치며 만년을 보내기 위해 세운 누정이다. 원래의 건물은 없어졌고, 현재의 건물은 1934년에 다시 지은 것이다. 만귀정의 중건 뒤에 세워진 습향각(襲香閣)과 묵암정사(默庵精舍)가 다리를 사이에 두고 늘어서 있다. 만귀정중건기는 1934년 고광선(高光善)이, 상량문은 같은 해 이병수(李炳壽)가, 중수기는 1945년 후손인 묵암(默庵) 장안섭(張安燮)이 썼다. 경내에 서 있는 '만귀정시사창립기념비(晩歸亭詩社創立記念碑)'는 한때 이곳을 무대로 한시(漢詩) 활동이 전개되었음을 알 수 있게 한다.

위 글을 요약해 보면, "만귀정을 원래 후학들을 가르칠 목적으로 장창우가 세웠는데, 훗날 없어진 것을 1934년에 중건하였다. 또 만귀정을 중건한 뒤에 습향각과 묵암정사를 세웠다. 만귀정중건기와

만귀정은 장창우가 후학을 가르치며 만년을 보내기 위해 세운 누정이다.

만귀정 양옆에는 두 개의 석재가 있다. '취석(醉石)'과 '성석(醒石)'인데 사람들은 이를 두고 "들어갈 때는 술에 취하더라도 나올 때는 술을 깬다"고 하였다.

상량문, 중수기 등을 고광선, 이병수, 장안섭 등이 각각 썼다. 아울러 만귀정시사창립기념비도 있어서 한시 활동이 전개되었음을 알 수 있다."이다.

이렇듯 만귀정이 어떤 곳이라는 것을 대략 알아본 뒤에 누정에 올랐다. 만귀정의 건물 형태는 앞면 2칸과 옆면 2칸에 팔작지붕이고, 바닥에는 우물마루를 깔았으며, 동서남쪽 세 방향에 난간을 둘렀다. 앞면 2칸 옆면 2칸이기 때문에 다른 누정과 비교했을 때 규모가 작지 않다. 특이한 것은 '만귀정'이라는 각자 다른 서체로 쓴 편액이 무려 세 개가 걸려 있어 눈길을 끈다. 또한 고광선과 이병수가 각각 쓴 「만귀정중건기」와 「만귀정중건상량문」을 비롯하여 장

창우가 지은 만귀정 시와 팔경, 그리고 여러 사람들이 지은 시가 걸려 있다. 여러 사람들의 시를 보니 만귀정이 과연 시와 관련한 곳이었음을 확인할 수 있었다.

만귀정에서 습향각까지 가려면 나무다리를 건너야 한다. 습향각으로 가기 위해 만귀정을 내려오니 축대 밑으로 직사각형의 석재가 보였다. 양옆으로 두 개의 석재가 놓여 있는데, '취석(醉石)'과 '성석(醒石)'이라 각각 새겨져 있다. '취' 자는 술에 취한다는 뜻을 가지고 있고, '성' 자는 술에서 깬다는 의미를 지녔으니, 당연히 술과 관련하여 그 뜻을 새겨봄직하다. 그래서인지 많은 사람들은 "들어갈 때는 술에 취하더라도 나올 때는 술을 깬다."라고 그 의미를 새겼다. 그 외에 꽃과 관련하여 그 의미를 풀이하기도 하는데, 어느 경우든지 흥미로운 해석이라 하겠다.

'취석'과 '성석'을 뒤로 하고 나무다리를 건너 다섯 개의 계단을 오르면 습향각을 만날 수 있다. 만귀정에서 습향각까지 가는데, 양옆은 연지여서 그 파란색이 안구를 정화시켜주기에 충분하다. 필자가 만귀정을 찾은 때는 여름이어서 주변에 백일홍꽃이 만발했으니, 연지의 초록빛과 어울린 그 색감이 아름다웠다. 습향각은 정면·측면 한 칸으로 이루어진 작은 팔작지붕의 누정이다. 어른 세 사람 정도 앉으면 가득 찰 것 같은 그러한 크기의 누정으로 현판에 두 개의 시문이 걸려 있으니, 이 또한 만귀정과 대조적이다.

습향각에서 다시 나무다리를 건너가노라면 묵암정사를 만날 수 있다. 습향각에서 묵암정사로 가는 나무다리 초입에 오래된 큰 나무가 마치 고개를 푹 숙이고 있는 듯한 모습을 하여 조심스럽게 다리에 들어섰다. 다리 모습은 만귀정에서 습향각으로 갈 때와 거의 비슷하고, 양옆으로 연잎이 가득하여 마찬가지로 시원한 기분이 들었다. 파란빛이 사람에게 안겨주는 편안함과 시원함을 이 순간에 모두 느낀 듯한 기분이 들었다.

묵암정사는 평지보다 조금 높은 곳에 자리하여 자연스럽게 올려

다보았다. 이곳 또한 습향각과 마찬가지로 정면·측면 한 칸으로 이루어진 작은 팔작지붕의 누정이다. 앞면에 '묵암정사'라 적힌 한자가 먼저 눈에 들어오는데, 그 서체가 독특하여 한참 동안 바라보았다. 묵암정사에는 시문 대신 '기장산하(氣壯山河)'라 적힌 현판만 걸려 있는 점도 특별하다.

만귀정과 습향각, 묵암정사를 둘러본 뒤에 멀리서 세 누정을 한꺼번에 바라보았다. 하나도 아니고, 둘도 아니며, 셋이라는 생각을 하며 다시 보니, 다른 누정에서 볼 수 없는 독특한 풍경이다. 마치 만귀정이 어미라면, 습향각과 묵암정사는 그 자식과도 같은 관계라고 할까? 계속 이러한 만귀정에 대해 더 자세히 알고 싶은 생각이 들었다.

만귀정을 중건하기까지

사실 만귀정은 1934년에 다시 짓기 시작하여 완공하지 못하다가 1945년에 이르러 중수하였다. 1934년에 고광선이 쓴 「만귀정중건기」에서 만귀정을 중건하게 된 이유를 알 수 있다.

> 그러나 수백 년의 세월이 지난 오늘에 이르러 이 누정이 이미 훼손되어 그 모습을 찾을 수 없게 되었다. 비록 선조의 유업을 잊지 않은 추모의 정은 간절하나 이러한 충정을 나타낼 적당한 물건을 찾지 못하였다. 금년 가을에 공의 후손들이 이 문제에 대해 많은 토론을 거듭한 끝에 옛터에 다시 누정을 세워 선조의 유업을 복구

하기로 하였다. 선조의 옛터를 다시 다듬어 누정을 세워 낙성하던 날, 공의 7세손인 대섭(大燮), 안섭(安燮), 흥찬(興燦), 일환(日煥), 창섭(昌燮) 등이 나에게 이 누정의 중건 사실을 기록할 기문을 부탁하였다. 나 또한 본래의 말을 떠나 한 가지 장씨를 위해 할 말이 있다. 선조의 옛터에 누정을 지어 옛날의 그 이름을 그대로 붙인 것은 참으로 선조를 잊지 않은 하나의 불망지사(不忘之事)라 할 수 있다. 그러나 선조를 잊지 않은 불망의 실지는 여기에 있는 것이 아니라 깊은 학문을 갈고 닦아 높은 업적을 세워 가문의 명예를 실추시키지 않음에 있다.

고광선은 1934년 12월에 80세를 일기로 세상을 떴다. 위 글은 1934년 7월에 쓴 것으로 고광선이 세상을 뜨기 몇 달 전에 지었다. 고광선은 1855년 광주 복촌(復村)에서 태어난 지역의 대표 문인으로 알려져 있다.

위의 중건기를 통해 당시 만귀정을 중건하게 된 경위와 과정 등을 알 수 있다. 만귀정의 복원은 전적으로 후손들의 노력이 있었기에 가능하였다. 그 후손들은 주로 장창우의 7세손으로 선조를 추모하고자 하는 뜻은 간절하나 만귀정은 이미 사라져 없어져 그 뜻을 펼 수가 없었다. 그래서 토론을 거듭한 끝에 만귀정을 그전에 있던 같은 장소에 복원하기로 한 것이다. 이제 일을 본격적으로 시작하려 할 때 고광선에게 중건 기문을 부탁하였다. 고광선도 그 요청을 선뜻 수락하면서 장창우의 후손들에게 부탁의 말을 전하였다. 즉,

선조를 잊지 않는 뜻은 건물을 복원하는 데에 있는 것이 아니라 깊은 학문을 닦아 가문의 명예를 떨어뜨리지 않는 데에 있다고 하였다. 고광선의 학자적인 자세를 볼 수 있는 부분이다.

그러나 만귀정의 복원은 그리 쉽게 이루어지지 않는다. 1934년은 주지하다시피 일제강점기로 물질적으로 너나없이 그리 넉넉한 상황이 아니었다. 또한 일제치하에 있었기에 우리의 전통 문화의 복원을 쉽게 할 수 있는 형편이 아니었다. 따라서 마음은 바로 복원하고 싶었으나 차일피일 미루다가 시간이 지체되었다. 이후 11년이라는 시간이 흐른 1945년 광복이 된 뒤에야 비로소 만귀정은 복원하여 모습을 드러내었다.

1945년 복원한 뒤에 장안섭이 쓴 중수기를 적어 본다.

홀로 생각하여 보건대, 1934년에 시작한 이 누정의 중건이 비록 지금까지 완료되지 못했다 하더라도 그렇게 오랜 세월이라고 생각하지 않는다. 그러나 지금까지 이 누정을 완공하지 못한 원인이 이 공사를 착수할 당시의 잘못된 계획에 의해 빚어진 결과이기 때문에 이 점에 대한 회한을 느끼지 않을 수 없다. 당초 습하던 것이 마르고, 빽빽하던 것이 성기었으며, 긴 것이 짧아지고, 평평하던 것이 기울어지는 많은 변화를 가져왔다. 이로 인해 이 누정에 오른 여러 사람들로 하여금 넓고 즐거운 마음을 가질 수 없게 되었다. 당시의 극심한 국난으로 인해 이 일을 마치지 못하였으나 오늘에 이르러 모든 안정이 회복되어 한가한 여유가 생겼다. 나의 오랜 마음을 잘 알고 있던 큰 장인(丈人) 김이동(金二同)이 그의 부관격인 조정석(趙正石), 장한섭(張漢燮)에게 명하여 이 일을 착수하였다. 이것은 좌로, 저것은 우로, 이것은 도끼로, 저것은 톱으로 하는 등의 역사(役事)를 진행하며 모자란 목재에 대해서는 부득이 신목으로 보충하였다. 며칠간의 빠른 시일 안에 모든 역사를 마치고 낙성하던 날, 학덕이 높은 지방의 유림들을 초대하여 성대한 잔치를 베풀고 술을 권하였다.

아마도 장안섭은 장창우의 후손으로 만귀정이 복원되기까지 맨 앞에 서서 주도적으로 일을 한 듯하다. 위의 글에서 우선 만귀정 중건 사업이 답보 상태에 빠진 이유를 적었다. 1934년에 처음 복원하려고 시도했으나 당시 계획을 잘못 짰다는 것이다. 그래서 답보 상태에 놓이게 되었고, 세월이 흐르는 동안 만귀정 주변의 모습이 변화되었음도 적었다. 습하던 곳은 마르고, 빽빽하던 것은 성글게 되었으며, 긴 것은 짧아지고, 평평하던 것은 기울었다는 표현은 만귀정이 세월이 지나면서 어떻게 변모했는지를 말한 대목이다. 이러니 후손들도 즐거운 마음을 결코 가질 수 없었다고 하였다. 일제치하 놓인 처지에서 마음의 여유를 찾지 못한 후손들의 입장을 이해할 수 있는 대목이다. 1945년 8월 드디어 그토록 바라던 해방이 되었다. 지긋지긋한 일제치하에서 벗어난 것이다. 때문에 안정이 회복되어 한가한 여유가 생겼다. 이제 다시 만귀정 복원에 힘을 쏟아도 된다는 의미로 이해할 수 있다. 만귀정에 대해 누구보다 잘 알았던 장인들을 모아 본격적으로 일을 시작하여 요모조모 역사를 진행하였다. 그리고 마침내 역사를 끝낸 뒤에 지역의 학덕이 높은 유림들을 초대하여 낙성식을 가졌다.

이상 1934년에 고광선이 쓴 중건기와 1945년에 장안섭이 쓴 중수기를 통해 만귀정이 어떤 과정을 거쳐 복원되었는지 알 수 있었다.

만귀정의 주인 장창우는 어떤 사람이었나

그렇다면 만귀정을 처음 지은 장창우는 어떤 사람이었을까? 장창우에 대한 기록이 많지 않아 어떤 행적을 남겼는지 자세히 알 수 없다. 다만 고광선이 쓴 「만귀정중건기」와 이병수가 쓴 상량문의 내용 중에 장창우와 관련한 것을 적어 본다.

①

이 누정은 원래 장씨의 선조인 효우당공(孝友堂公)이 대방(帶方)으로부터 광산(光山)으로 이거하면서 지은 건물이다. 공의 본성이 본래 부모님께 효도하고 형제와 우애하여 부모 상사(喪事)에 3년 동안 여묘살이를 한 지극한 효자였다. 이러한 효성에 감복한 산속의 괴이한 짐승들이 일부러 그의 신변을 보호하기 위해 그의 주위를 호위해주는 감응을 불러일으키기도 하였다. 참으로 인륜의 명분을 일으킨 도덕의 가르침에 기여한 그 공로가 크다 아니 할 수 없다. 이러한 공이 뒤늦게 작은 누정을 그가 살고 있는 동하리 앞에 세워 그 이름을 만귀라 하였다. 그 이름을 만귀라 한 것은 만년에 이곳에서 노닐며 한가한 풍류를 즐긴다는 뜻을 옮긴 것이다.

②

홀로 생각건대, 효우당 장공은 흥성(興城)의 망족(望族)이요, 돈암(遯菴)의 유손이다. 대방 땅으로부터 광주로 집을 옮겼으니 일정한 정굴(定窟)이 없이 장소를 찾아다니는 교룡(蛟龍)과 흡사하고 부모의 초상을 당하여 감화한 짐승들이 그의 주변을 호위하였다. 동하마을에 누정을 지어 팔경(八景)과 원운(原韻)을 남겼고, 부모의 가업을 이어받아 칠세의 휘모(徽謨)를 빛내었다. 어느 산 어느 언덕에 그가 노닐던 장구(杖屨)의 흔적이 남아 있고, 시를 읊고 예의를 배우는 현가(絃歌)의 소리 그치지 않았다.

①은「만귀정중건기」이고, ②는「만귀정중건상량문」이다. 둘의 내용을 보면, 겹치는 부분도 있지만 그렇지 않은 부분도 있다.

①에서는 만귀정을 중심에 두고 그 누정이 어떻게 해서 지어지게 되었는가를 적었다. 우선 장창우가 대방에서 광산으로 이거하여 지은 건물이 만귀정임을 밝혔다. 대방은 지금의 전북 남원을 가리키며, 광산은 지금의 광주(光州)를 말한다. 즉, 장창우는 남원에서 광주로 이거하여 살게 된 것이다. 또한 부모에게 효도하고, 형제와 우애가 있었음을 적었다. 부모에게 효자였다는 증거로 3년 동안 여묘살이를 한 것과 그것에 감복해 산속의 짐승들이 보호해 주었다는 이야기를 하였다. 여묘살이를 할 때 산속 짐승들이 와서 보호해

준 이야기는 장창우에게만 해당되는 것은 아니다. 사실 이는 그동안 수많은 효자를 이야기할 때 나오는 흔한 내용이기 때문이다. 장창우가 지극한 효자였음을 말하기 위해 설화적인 내용을 가미했다고 하겠다. 그리고 늦은 나이에 동하마을에 만귀정을 지었는데, '만귀'라 명명한 이유는 만년에 한가한 풍류를 즐기기 위해서라고 하였다. '만' 자는 '늦다'는 뜻이고, '귀'는 '돌아간다'는 의미로 늘그막에 전원으로 돌아가 살겠다는 의지를 담은 것으로 볼 수 있다. 여기에서 중국의 전원시인으로 알려진 도잠(陶潛)을 연상하게 만든다. 도잠은 동진시대 문인으로 그의 나이 41세 때 평택 영을 그만두고 고향으로 돌아가면서 「귀거래사」를 지은 것으로 유명하다. 장창우가 늘그막에 전원의 삶을 꿈꾼 것은 바로 이러한 도잠을 본받고자 하는 마음이 있었다는 뜻이다.

②에서는 장창우의 본관이 흥성임을 밝힌 뒤에 마찬가지로 남원에서 광주로 옮겨와 살았음을 적었다. "일정한 정굴이 없이 장소를 찾아다니는 교룡과 흡사했다."는 말은 마땅히 살 곳을 정하지 못했음을 뜻한다. 그리고 ①의 내용에서 말한 여묘살이 중에 짐승들이 도와주었다는 것을 말하였다. 이어 동하마을에 누정을 지어 팔경과 시 작품을 남겼음을 언급했는데, 이는 ①에서 말하지 않은 내용이다. 장창우가 만귀정에서 시 작품도 지었음을 말한 대목으로 다음의 내용과 서로 연결되어 있다.

이상 ①과 ②의 내용을 바탕으로 장창우가 어떤 사람이었다는 것을 대략 알 수가 있다. 장창우는 원래 남원에서 살았으나 광주 동하마을로 옮겨와 살았다. 부모님께 효도하고 형제 사이에 우애가 두터워 그를 '효우당'이라 불렀다. 만년에 '만귀정'을 지었는데, 그것을 세운 뜻은 만년에 한가한 풍류를 즐기기 위해서였다. 그래서 만귀정에서 노닐며 팔경과 시 작품을 지었다.

장창우가 일으킨 시심(詩心)

장창우가 만년에 한가한 풍류를 즐기기 위해 세운 만귀정. 장창우는 만귀정에서 여러 편의 시 작품을 지었을 것으로 추측한다. 그러나 1934년 이병수가 쓴 「만귀정중건상량문」에 따르면, '팔경'과 '원운'을 남겼다고 했다. 많은 작품이 오늘날까지 전하지 않은 점이 아쉬운데, 만귀정 현판에 걸린 팔경을 풀이와 함께 옮겨 본다.

제1경 서석명월(瑞石明月) – 서석산의 밝은 달
제2경 용강어화(龍江漁火) – 황룡강의 고깃배 불
제3경 마산청풍(馬山淸風) – 백마산의 맑은 바람
제4경 낙포농선(樂浦農船) – 극락강 포구의 농선
제5경 어등모운(魚嶝暮雲) – 어등산의 저문 구름
제6경 송정야전(松汀夜電) – 송정의 밤 번개
제7경 금성낙조(錦城落照) – 금성의 저녁 햇빛
제8경 야외장강(野外長江) – 들 밖의 긴 강

전통시대 중국뿐 아니라 우리나라 문인들은 승경을 마주 대하면

그것을 팔경으로 정리하곤 하였다. 그 대표적인 것이 중국의 '소상팔경(瀟湘八景)'이다. 중국의 호남 장사에 동정호(洞庭湖)가 있다. 이 동정호는 아름다운 승경을 가진 것으로 유명한데, 때문에 많은 시인들의 시심을 자극하였다. 그리고 동정호의 아름다움을 항주(杭州)의 서호 팔경에 빗대어 '소상팔경'이라 하였다. 그 소상팔경은 다음과 같다.

제1경 평사낙안(平沙落雁) – 모래톱에 내려앉은 기러기
제2경 원포귀범(遠浦歸帆) – 먼 포구로 돌아오는 배
제3경 산시청람(山市靑嵐) – 산마을에 피어오르는 아지랑이
제4경 강천모설(江天暮雪) – 강 하늘 저녁에 내리는 눈
제5경 동정추월(洞庭秋月) – 동정호의 가을 달
제6경 소상야우(瀟湘夜雨) – 소상강에 내리는 밤비
제7경 연사만종(煙寺晩鐘) – 안개 낀 절의 저녁 종소리
제8경 어촌석조(漁村夕照) – 어촌의 저녁노을

이렇듯 중국에서 처음 말한 소상팔경은 우리나라 문인들에 영향을 끼쳐 관련된 시 작품을 짓기도 하였다. 장창우가 팔경을 남긴 이유는 소상팔경을 지었던 것처럼 만귀정 원근의 승경을 정리하고 싶은 마음이 있었기 때문이라고 생각한다. 다만 소상팔경과 다른 점은 팔경에 지명을 더 많이 넣은 것이다. 가령, 제1경의 '서석', 제2경의 '용강', 제3경의 '마산', 제4경의 '낙포', 제5경의 '어등', 제6경

의 '송정', 제7경의 '금성' 등의 지명은 만귀정을 중심에 놓고 보았을 때 원근에 자리한 산과 강 등을 가리킨다. 장창우가 지은 만귀정 팔경은 당시 광주 인근의 대표적인 산과 강을 들어 말한 것으로 이제부터 '만귀팔경'이라 해도 무방할 듯하다.

장창우는 팔경 외에 만귀정을 대상으로 처음으로 시를 지었다. 이는 흔히 '원운'으로 알려져 있다. 풀이한 내용을 적어 본다.

노둔한 바탕에 마음 어리석어 본체가 밝지 못하니	鈍質癡心體不明
두어 서까래로 얽은 이 띠집에서 평생을 늙으리라	數椽茅屋老平生
한 구역 어부의 피리 곡조에 찬 강에 비는 내리고	一區漁笛寒江雨
산허리에서 부르는 목동의 노래에 옛 달이 개었다	半嶺樵歌古月晴
산을 사랑하는 나의 본성은 세상 피한 것 아니니	性本愛山非避世
힘써 들판에서 농사를 지어 이름 숨길 수 있었다	力能耕野可逃名
서성거리다 이곳을 어이해 늘그막에 돌아왔을까	盤桓此地歸何晚
자식 가르치고 집안 다스리는 것이 나의 뜻이로다	教子齊家是我情

장창우는 이 시를 통해 자신이 앞으로 어떻게 살겠노라는 의지를 말하였다. 먼저 자신을 가리켜 노둔한 바탕을 지닌 마음이 어리석은 사람이라 하였다. 이는 다분히 겸손의 의미에서 말한 것이리라. 그리고 이어 만귀정에서 평생을 늙겠다는 의지를 말하였다. 장창우는 만귀정의 풍경을 "어부의 피리 곡조에 찬 강에 비는 내리고/산허리에서 부르는 목동의 노래에 옛 달이 개었다"라고 하였다. 시

속에 청각적 이미지를 담아 만귀정의 풍광을 직접 느낄 수 있도록 하였다. 또한 자신은 산을 사랑할 뿐 세상을 피한 것은 아니며, 농사를 지으며 이름을 숨겼다고 하였다. 이 부분에서 도잠과 같은 은일적이고 전원적인 삶을 말했음을 알 수 있다. 미련 1구의 "서성거리다"는 말은 '배회하며 떠나지 못한다'는 뜻이다. 도잠이 지은 「귀거래사」에 "햇볕이 뉘엿뉘엿 장차 서산에 지려 하는데, 외로운 소나무를 어루만지며 서성거린다(景翳翳以將入 撫孤松而盤桓)."는 대목이 있는데, 여기에서 따온 것이다. 장창우의 귀거래 의식을 엿볼 수 있는 대목이다.

만귀정시사의 결성

만귀정 경내에는 '만귀정시사창립기념비'가 있다. 이런 비는 다른 누정에서 흔히 볼 수 없는 것으로 만귀정만의 한 특징이기도 하다. 비의 뒷면에 1939년 송광세(宋光世)가 쓴 관련 내용이 있어 적어본다.

> 서석의 서쪽에 만귀정이라는 누정이 있다. 산과 물이 맑고 고우며 숲과 골짜기가 깊고 그윽한 곳으로, 옛날의 효우당 장공이 노닐던 곳이다. 이 옛터에 누정을 다시 일으킨 후손이 있으니 상열·대섭·안섭·정섭·창섭 등이다. 지난해 가을에 박창환이 이 누정에서 돌아와 나에게 주변의 아름다운 경관을 설명하면서 결사의 뜻을 비치었다. 당시 시를 좋아하는 선비로 박장주·이희춘·김병권·박

만귀정시사창립기념비

만귀정중건비

> 하형·조병희·이석휴 등이 있었다. 원근의 여러 어진 선비들과 상의하여 봄철에 한 번씩 모아 시를 읊으며 노니는 계획을 마련하였다. 진(晉)나라 난정(蘭亭)과 당나라 향산(香山)에 견줄 수 있는 아름다운 광경이 이곳에 재현되었다. 이를 기쁘게 여긴 장씨 문중의 여러 어진 선비들이 후대의 사람들에게 이 사실을 알리기 위하여 특별히 기념비를 세워 이 시회의 전말을 기록하도록 하였다. 돌을 깎아 글을 새기려는 어느 날 박군이 또 나를 찾아와 말하기를 "장씨 문중의 여러 선비들이 이미 선조를 위한 사업을 마친 나머지 그 남은 힘을 미루어 친우들에게까지 이러한 혜택을 베풀려고 한다. 그 의미가 매우 심장하니 청컨대, 한마디 곁들여 고사가 되도록 하는 것이 어떠한가?"라고 하였다. 내 그의 이러한 요청에 의해 삼가 이 글을 지었다.

1934년에 만귀정 중건을 시작했으니, 1939년이면 중건하기로 한 이후 5년의 시간이 흐른 시점이다. 그리고 완전히 중건한 1945년까지는 아직 6년의 시간이 남았다. 만귀정이 완전히 중건을 하지 않았으나 당시에도 주변 승경이 볼만하여 시심을 일으키기에 알맞았던 것이다. 따라서 당시 광주 인근의 시를 사랑하는 사람들이 만귀정에 시사를 열기로 마음을 먹었다. 이로써 시사가 만들어졌고, 창립기념비의 내용은 문중에서 부탁하여 송광세가 쓴 것이다.

처음 만귀정시사 결사의 뜻을 말한 사람은 박창환이다. 박창환이 만귀정 주변 승경이 아름답다라고 말하며 시사를 만들자고 제안한 것이다. 여기에 뜻을 함께한 사람들로 박장주를 비롯하여 6명이 거론되었는데, 이들은 원근의 선비들로 시를 좋아하는 사람들이다. 봄철에 한 번 모인다는 구체적인 계획도 언급하였다. 그리고 이를 중국 진나라의 난정과 당나라의 향산에 빗대었다. 난정은 중국 회계(會稽) 산음(山陰)에 있던 누정의 이름이다. 동진(東晉) 시대 회계 내사(會稽內史)로 있던 왕희지(王羲之)를 비롯하여 손작(孫綽), 사안(謝安) 등 당시의 명사 42인이 그곳에 모여 계사를 행하고 이어 곡수(曲水)에 술잔을 띄워 술을 마시고 시를 지으며 놀았던 것으로 유명하다. 향산은 당나라 백거이(白居易)와 관련된다. 백거이가 태자 소부 벼슬을 그만두고 형부 상서로 치사하여 향산의 승려 여만(如滿)과 더불어 향화사(香火社)를 결성, 수행하며 자호를 향산거사(香山居士)라 하는 한편 나이가 많고 벼슬에서 물러난 여덟 사람과 낙양(洛陽)에 모여 놀고 이 모임을 '향산구로회(香山九老會)'라 불렀다. 만귀정시사 모임은 전적으로 뜻있는 문인들이 만든 것으로 장창우 문중과는 무관하였다. 문중에서도 자신들의 조상의 숨결이 있는 만귀정에서 시사를 연다고 하니 감개무량했을 것이다. 해서 문중 차원에서 시사를 만든 기념비를 세우게 되었고, 송광세에게 그 내용을 적도록 부탁하였다.

만귀정시사 결성은 당시 지역 문학의 차원에서도 의미가 있다. 고래로 중국뿐 아니라 우리나라에도 시사 모임은 많았다. 시사 모임을 결성한다는 것은 문화를 형성하는 것이기 때문에 상당한 의미 부여를 할 수 있다. 만귀정시사가 결성이 된 1939년은 일제강점기 때로 마음이 상당히 위축된 시기이기도 하다. 그 때문에 시사를 만들어 시를 지을 여유가 그리 없었을 것이다. 이처럼 흔히 할 수 없는 일을 도모했기 때문에 만귀정시사가 더욱더 의미가 있는 것이다.

만귀정시사에 참여한 인원도 상당하였다. 만귀정에는 시문 현판이 다수 걸려 있는데, 이들 시가 모두 시사와 관련된다고 생각한다. 이들 시는 장창우의 원운 시의 운을 이어받은 것으로 작품을 남긴 사람들의 이름을 적어 본다.

장안섭(張安燮)·김형도(金亨燾)·박노필(朴魯珌)·정순환(鄭淳煥)·윤영기(尹永淇)·송광세·기세진(奇世震)·조병연(曺秉然)·남계룡(南啓龍)·박장주(朴璋柱)·박하면(朴夏冕)·장정섭·박희철(朴熙喆)·유병식(柳秉植)·박승주(朴升柱)·노진영(盧軫永)·나종우(羅鍾宇)·김용섭(金容涉)·장창섭(張昌燮)·김옥규(金玉圭)·김한희(金漢禧)·이계영(李啓寧)·이회춘(李會春)·윤석정(尹錫鼎)·노문영(盧文永)·윤희상(尹喜祥)·박정욱(朴晶昱)·박용현(朴龍鉉).

이상 총 28인은 만귀정 시를 각각 한 편씩 남겼다. 여기에 장창우의 시 1편을 더하면 만귀정의 시는 현재 총 29편이 전해지고 있는 것이다.

28인은 시의 내용을 적고 나서 말미에 지은 때와 당시의 직함, 본관, 사는 곳 등을 적어 본인이 어느 때 시를 지었으며, 어떤 사람인지를 알렸다. 이들 28명의 시 중에서 장안섭·송광세·박장주가 지은 세 편을 선별하여 보인다.

① 장안섭의 시

옛터에 누정을 다시 세우니 더욱 신명스러운데　重建舊址益神明
선조 영혼이 내려온 듯해 마음이 절로 편안하다　祖靈似臨心自平
동쪽으로 고개를 크게 드니 서석산이 우뚝하고　大擧東頭瑞石屹
해 저물녘에 낙조를 바라보니 금성산이 개었다　暮看落照錦城晴
띠를 두른 기다란 강은 하늘과 함께 광활하고　一帶長江天共濶
두어 서까래의 이 누정은 이 땅과 함께 유명하다　數椽亭子地證名
후손들 여유로워 선업 잇는 첨앙의 정 간절한데　裕後繼先瞻仰裏
정원에 가득한 꽃나무들이 봄 정을 머금었다　滿庭花樹得春情

② 송광세의 시

늘그막에 다시 돌아온 사람은 옛날의 도연명이니　晚來歸去古淵明
문 앞의 버들과 뜰의 잣밤나무 길가에 평온하다　門柳庭柯一路平
마을 속 하얀 안개 사라지니 산이 밝아지려 하고　洞裏飛霞山欲曙
처마 앞엔 가는 비가 내려 들판이 처음 맑아졌다　簷前細雨野初晴
부모께 효도하고 형제 우애 독실해 유법 지키고　篤於孝友猶遺法
고기 잡고 나무 하는 일 즐겨 명예 원치 않았다　樂以漁樵不願名
옛터에 새로운 누정 지어 한가하고 느낌 일어나니　舊址新亭閒且感
조상들의 마음이 곧 자손들의 마음일레라　祖先心是子孫情

③ 박장주의 시

물 위에 나는 듯한 누정은 아름답고도 밝아	水上飛亭麗且明
맑은 바람에 술 취해 누우니 실로 평안하다	清風醉臥寔安平
사람 따라 노는 새들은 축하한 듯이 지저귀고	隨人遊鳥相如賀
산 등지고 돌아가는 연기는 맘대로 맑아진다	隔峀歸煙一任晴
만년에 즐거움 안 것은 하늘이 덕 도와서이고	晩樂從知天佑德
가상한 규모 필히 얻었으니 이름이 전하리라	嘉模必得世傳名
누정 중수는 어진 자손들의 일이라 할 만하니	重修可謂賢孫事
업적이 너무 아름다워 더욱 친근한 마음 든다	遺業彬彬益有情

장안섭은 장창우의 후손이요, 송광세는 만귀정시사기념비의 내용을 쓴 사람이며, 박장주는 만귀정시사에 참여한 당대 문인이다. 세 사람의 위치가 다르듯이 시의 내용은 차이가 있다. 장안섭은 장창우의 후손으로서 만귀정을 바라보았는데, "선조 영혼이 내려온 듯해 마음이 절로 편안하다."라고 말한 대목이 인상적이다. 송광세는 장창우를 도잠에 빗대어 말하고 나서 장씨 가문의 후손들을 극찬하였다. 박장주는 주로 만귀정 주변의 승경을 읊는 데 치중했는데, 그러면서 마지막 부분에서 만귀정을 중건한 장창우의 후손들을 칭찬하였다.

습향각의 '습향'의 의미는

앞에서 이미 말했듯이 만귀정 뒤로 다리를 건너면 습향각이 있다. 습향각을 만든 사람은 장안섭이다. 장안섭은 장창우의 후손으로 호가 묵암(默菴)이며, 송정읍장을 역임하였다. 습향각을 세운 때는 1940년인 듯하다. 장안섭이 1940년에 지은 「습향각원운」 시 작품이 있는데, 아마도 습향각을 세운 뒤에 창작했을 것으로 추정한다. 그 원운 시를 들어 본다.

이 누각 만귀정 위에 기꺼이 지으니	肯構屬亭頭
어린 손자들이 날마다 즐겁게 논다	兒孫日戲遊
연못의 연꽃은 피었다가 다시 지니	池荷開復落
붓에 먹을 적셔 봄가을을 증험한다	泚筆驗春秋

또한 1940년에 장창우의 후손인 장정섭이 서문과 함께 장안섭의 시운을 이은 작품을 남겼다. 서문과 시를 함께 싣는데, 서문에 '습향'의 의미를 말하고 있어 주목을 요한다.

> 종형 되는 안섭 씨가 여러 문중과 상의하여 이 누각을 선세의 누정인 만귀정 옆에 세웠다. 그 이름을 '습향'이라 한 것은 선조의 유업을 계승하자는 추모의 뜻으로 붙인 것이다. (중략) 이로 인하여 당일의 아름다운 풍류가 참으로 성대하였고, 나도 이에 느낀 바가 있어 시 한 수를 지었다.

누각을 물결이 이는 연못가에 세우니	閣立活波頭

오늘의 즐거움을 그 누가 알 것인가　　誰知此日遊
초연한 시인묵객들은　　超然詩與墨
백 천 년이 지나도 기억하리라　　可憶百千秋

요즘 인터넷에 떠도는 습향각의 자료를 보면, '습향'의 의미를 연꽃과 관련지어 그 향이 엄습한다는 것으로 풀이한 경우가 있는데, 이는 와전된 것이다. 장정섭이 쓴 위의 자료에 의거해 보면, '습향'은 "선조의 유업을 계승한다."는 의미를 지니고 있다. 즉, '향'의 뜻은 일반적인 '향기'를 뜻하기보다 조상이 남긴 '유향(遺香)'의 의미를 담고 있다고 하겠다.

이외에 습향각과 관련하여 남지대(南智大)와 신철균(申轍均)도 시를 남겼다.

묵암정사엔 장안섭의 자취만이 남았는데

앞에서 이미 말한 대로 습향각을 지나 나무다리를 건너면 묵암정사를 만날 수 있다고 했다. 1960년에 장안섭이 지은 「묵암유거기(默菴幽居記)」를 적어 본다.

이 누정을 지은 사람이 누구인가? 나의 고향 친척, 친구들이 나의 만년 휴식을 위해 서로 힘을 합하여 지었다. 스스로 돌아보건대, 나처럼 미련한 사람이 이러한 휴양의 장소를 얻었으니 감격하고 부끄러운 마음이 들어 무어라 형용할 수 없다. 낙성하던 날 여러 사람들과 함께 이 누정에 올라 주위의 승경을 둘러보았다. 마이산의 맑은 바람과 서석산의 밝은 달이 옛날 소자(蘇子)가 말한 "강 위에서 불어오는 맑은 바람과 산 사이로 떠오르는 밝은 달"과 흡사할 정도로 아름다웠다. 극락강의 한 고깃배와 동강(洞江)의 한 낚싯대가 그 뜻은 미치지 못한다 하더라도 취미는 같고, 연못의 가는 물고기와 송강(松江)의 큰 고기가 종류는 다르다 하나 형태는 흡사하다. 멀리서 찾아온 고고한 벗들을 맞이하여 적막한 회포를 풀고, 친척들이 서로 모여 은근한 정담을 나누니 만년에 나의 심성을 기르는 곳으로 매우 만족스럽게 생각한다. 이에 이 누정의 전말을 기록하여 나의 후손들을 일깨우니 이 강산과 함께 영원히 이 누정을 보존하는 것이 나의 바람이다.

장안섭은 이 글에서 묵암정사를 어떤 사연으로 짓게 되었는가를 적었다. 글에 따르면, 묵암정사는 장안섭의 친척, 친구들이 순전히 장안섭을 위해 지었음을 알 수 있다. 1960년쯤이면 이제 장안섭의 나이는 만년이라 할 수 있다. 아마도 묵암정사 터는 벌써 장씨 문중의 땅이었을 것인데, 그 터에 장안섭을 위해 정사를 지은 것이다. 건물을 지은 뒤에 낙성식을 하였고, 여러 사람들과 함께 그 정사에 올라가 승경을 구경하였다. 그곳에서 맞이한 것은 마이산의 맑은 바람과 서석산의 밝은 달이었다. 그 바람과 그 달은 마치 소식(蘇軾)이 「전적벽부」에서 말한 "강 위에서 불어오는 맑은 바람과 산 사이로 떠오르는 밝은 달"과 비슷했다고 말했으니, 극찬을 아끼

묵암정사에 올라 그 승경을 구경하면 마이산의 맑은 바람과 서석산의 밝은 달을 한껏 즐길 수 있다.

지 않은 것이다. 묵암정사는 작은 누정이기에 큰 누정과 대비했을 때 뜻과 종류가 다르다 할 수 있으나 취미와 형태는 흡사하다 하였다. 건물이 크다 해서 큰 즐거움을 얻고, 작다 해서 작은 즐거움을 얻는 것은 아니다라는 뜻으로 이해된다. 그리고 장안섭은 묵암정사는 심성을 기르는 곳으로 안성맞춤이라 하여 크게 흡족해한다.

장안섭은 「묵암유거기」에서 만족하지 않고, 시 작품도 남겼다. 이 시는 묵암정사의 원운시로 알려져 있다.

나는 고요하고 궁벽함 부끄럽나니	愧吾幽且僻
이로부터 천진을 보존할 수 있었다	自此保天眞
달은 나의 흥취 도와주는 일 있어	有月助余興
공연히 시 읊는 낭비한 사람 되었네	空吟浪費人

묵암정사에는 위의 시 외에 이기영(李基泳)·박병주(朴秉柱)·노석립(盧錫立)·노문영(盧文永)·이회춘(李會春)·김용석(金容錫) 등의 작품이 전하는데, 이들 작품은 장안섭의 원운에서 운을 따온 것이다. 그 내용은 대체로 묵암정사를 예찬하거나 장안섭을 칭찬한 것으로 의례적이라는 느낌을 떨칠 수는 없다.

영화촬영지로도 활용되다

만귀정은 사계절이 아름다운 곳이다. 봄에는 능수버들과 벚꽃을 만나고, 여름에는 연지에 핀 연꽃을, 가을에는 사방으로 물든 단풍을, 겨울에는 하얗게 쌓인 눈꽃을……. 이러니 소풍 등 유락지로도 알려져 있으며, 남녀의 데이트 코스로도 적격일 듯하다. 나란히 늘어선 세 누정도 볼만하지만, 그 주변을 에워싼 연지는 실로 아름다운 광경을 연출하여 누구나 시인이 될 수도 있다. 이런 멋진 승경을 가진 곳이어서 벌써 영화 촬영지로도 알려졌다. 1960년에 개봉했던 박복남·복원규·김해연 주연의 〈탈선춘향전〉과 1974년에 개봉했던 윤정희·강신성일·허장강 주연의 〈꽃상여〉 등이 만귀정을 배경으로 한 영화이다. 만귀정을 비롯한 습향각 등이 전통의 가치를 드러내면서 아름다운 승경을 간직하고 있어 영화까지 촬영했을 것으로 생각한다.

참고문헌

『고문진보후집(古文眞寶後集)』

도잠(陶潛), 『도연명전집(陶淵明全集)』

『누정제영(樓亭題詠)』, 광주직할시, 1992.

여행 길잡이

연못이 품은 사유의 공간, 만귀정

만귀정은 드넓은 평야지대의 한가운데, 세하마을 초입에 자리해 있다. 누정이라는 경물적 요소도 있겠지만 마을 전체에 대한 풍수적 입지 여건도 고려한 것이 아닌가 한다.

마을길로 접어들면 두 줄로 열 지어 심어진 오래된 나무들이 눈에 들어온다. 담양의 관방제림처럼 사람의 길을 가운데에 두고 양쪽으로 소나무와 팽나무와 배롱나무와 왕버들나무들이 우거져 있다. 이 길은 오솔길처럼 산책하기에 맞춤이고, 드문드문 벤치와 바윗돌이 있어서 앉아 사색하기에도 좋다. 더불어 그 자체가 연못의 제방 역할도 한다. 제방에 심은 나무는 보를 튼튼하게 하며 아래쪽의 논과 위쪽의 정자와 마을 사이를 은폐하는 기능을 한다.

찬찬히 이 경관을 뜯어보면 이 나무들이 마을의 비보숲이 아닌가 하는 생각이 든다. 옛 사람들은 마을이 밖으로 열려 있으면 나쁜 질병이나 잡귀들이 들어오고, 마을의 풍요로움과 좋은 것들이 새어 나간다고 여겼다. 북구 충효동에 다섯 그루의 왕버드나무와 소나무 한 그루, 매화나무 한 그루가 그런 역할을 하듯이 말이다.

만귀정과 마을을 지켜주는 호위 무사와 같은 오솔길을 걸으며 연못을 감상하지 않을 수 없다. 연못에는 각양각색의 생물이 살고 있다. 동네 어귀의 연못은 뭍 생명의 보고이며, 마을 생활사의 타임캡슐이자 생활 쓰레기를 자정하는 정화수 역할까지 수행한다. '뻘'이 품고 있는 힘은 갯벌은 물론이고 경주의 월지나 광주의 신창동에서도 확인할 수 있다.

연못 속에 세 개의 건물이 보인다. 본체라 할 수 있는 만귀정, 나무다리를 타고 건너면 습향각이라는 아담한 정자가 있다. 연못의 끝자락에는 묵암정사가 자리하고 있다. 만귀정에 오르면 언덕이 있고, 그 위에 기단을 쌓은 것이 사면으로 시야를 확보하기 위함임을 알 수 있다. 인위적인 요소지만 크게 거슬리는 것이 없다. 이곳에서 정자의 주인 장창우는 만귀정 팔경을 남겼다. 무등산과 황룡강, 백마산, 극락강, 어등산, 송정, 금성, 뜨락을 적시는 물줄기 등을 담은 시에서 만귀정의 정체성이 보인다. 만년에 모든 것을 버리고 순조롭게 살고 싶었던 그이는 산과 강을 닮고자 했을 것이다. 그러니 단을 쌓아 올려 둔덕 위에서 이 경관을 시야에 확보하고자 했던 마음을 담아 만귀정을 조성한 것이다.

만귀정을 내려와 후대에 조성된 습향각으로 향한다. 중간계에 해당하는 이곳은 정자와 정자 사이, 물의 한가운데 위치한다. 만귀정이 외부로 열려 있다면 이곳은 지극히 연못 내부로 열려 있다. '선

조의 뜻을 받든다'는 '습향'의 뜻도 고상하지만, 활짝 핀 연꽃 향내에 나도 모르게 연못의 내부로 몰입하는 것이야말로 습향각의 매력이 아닐까. 비린 듯 비리지 않으며, 매혹적이면서도 은은한 꽃이 퍽 하고 피워낼 때의 향은 언어로 표현할 수 없는 '너머' 세계다.

말년에 자연에 귀의한 장창우는 「귀거래사」의 도연명을 닮았고, 「애련설」의 주돈이를 따르고자 했음을 유추해 볼 수 있는데, 여기에 후손이 맞춤한 정자를 마련한 것이다. 만귀정에서 습향각으로 갈 때 구부러진 버드나무를 어렵사리 지나야 한다. 자연이 재주를 부린 것이다. 눈으로만 모든 것을 보고 판단하는 시대에 눈이 아니라 다른 감각기관, 촉각이나 후각도 사용해 보라는 권유는 아닐는지.

마지막 정자인 묵암정사는 트여 있지만 남쪽으로는 숲이 우거져

서늘한 공간을 형성한다. 동으로 떠오르는 달을 감상하기에 적격인 곳이며 습향각과 만귀정을 바라보며 옛 시들을 읊조리고, 조상들을 떠올리기에도 맞춤한 곳이라 여겨진다. 장창우의 후손인 장안섭 대에 지어진 마지막 정자로 만귀정을 우러르는 듯 서 있다.

사철 연으로 둘러싸인 정자들은 '정', '각', '정사'로 나뉘어 있다. 정이라는 건축물이 교류의 공간이라면, 각이라는 공간은 나눠 쓰는 공간이며, 정사는 사적인 공간이거나 학문을 가르치는 공간이라는 소쇄원의 건립 방식과 견주어 볼 때, 크게 욕심을 부리지 않으면서 마을과 연못과 뜨락을 조화롭게 사용한 지혜를 만귀정 원림에서 느낄 수 있다.

여행팁

만귀정을 품은 마을 초입에서 제일 먼저 누정으로 가는 것보다는 제방 역할을 하는 오솔길을 걸으면서 정자에서 바라보았을 시선과 밖에서 보이는 정자의 입지를 읽어 볼 필요가 있다. 그런 후 다시 돌아 나와 주인의 정자라 할 만귀정의 언덕으로 향한다. 잠깐 솟아오른 둔덕이 주변의 경관을 한눈에 보기 안성맞춤인 자리라는 것을 익히게 된다. 그런 후 습향각으로 향하며 다듬은 바위에 새긴 취석과 성석을 곱씹어 볼 필요가 있다. 굽어서 허리를 조아릴 수밖에 없는 나무를 위태롭게 지나 아기자기한 1인용 정자 같은 습향각에서 뻘의 내음과 연꽃의 향기와 산야의 속삭임에 귀 기울여 보고, 묵암정사로 이동한다. 은폐된 듯한 정자는 사유의 공간으로 적격이다. 나를 돌아보는 시간이야 유쾌한 덤이 아닐까.

호가정浩歌亭·만귀정晩歸亭

현판

호가정 큰소리 호浩, 노래 가歌, 정자 정亭

호가정이라는 이름은 중국 송대의 학자인 소강절(邵康節)이 말한 '호가지의(浩歌之意)'에서 비롯된 말이다. 그의 시구 가운데 "읊음으로 만족하지 않아 다시 크게 노래한다(吟哦不足遂浩歌)."라는 구절이 있다.

이 현판글씨는 민치상(閔致庠, 1825~1888)의 작품이다. 그의 자는 경양(景養), 호는 하당(荷堂)이며 시호는 문목(文穆)이다. 관직으로 성균관대사성, 예조판서, 강원도관찰사 등을 지냈으며 글씨를 잘 썼다. 호가정은 고종 8년(1871년)에 중건이 되었는데, 그때 쓰인 글씨라고 여겨진다. 또 충북 제천에는 그가 쓴 팔영루(八詠樓) 현판이 있다.

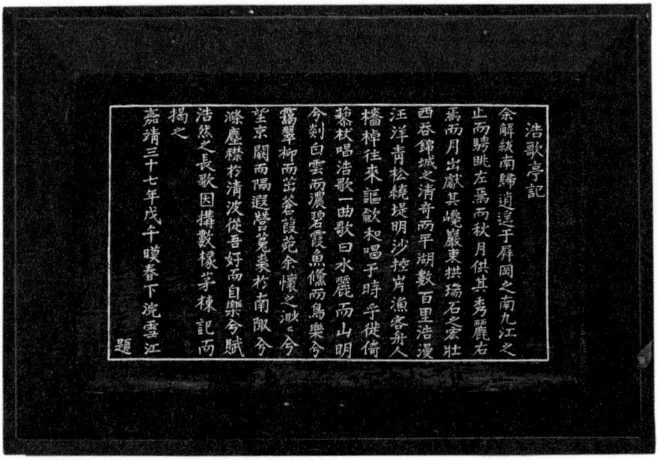

호가정기

浩歌亭記

내가 벼슬을 버리고 남쪽 고향으로 돌아와서 병강(屛岡)의 남쪽에 있는 구강(九江)의 언덕을 거닐었다.[1] 주위 경관을 살펴보니, 왼쪽으로는 수려(秀麗)한 추월산(秋月山)이 그 모습을 드러내고, 오른쪽으로는 가파른 월출산(月出山)의 깎아지른 듯한 높은 바위가 솟아 있다. 동쪽으로는 서석(瑞石)의 웅장한 기운이 서려 있고, 서쪽으로는 금성(錦城)의 산뜻한 운치(韻致)가 뭉쳐져 있다.

수백 리를 연이은 호수(湖水)가 넓은 모습으로 흘러가고, 사계절 불변(不變)의 푸른 솔이 산언덕을 둘러 있다. 명사십리(明沙十里)

의 맑은 모래가 나룻가에 널려 있고 노 젓는 어부들의 화창(和唱)한 노랫소리가 흥겹게 들려왔다. 이러한 광경을 보고 있노라니 저절로 일어나는 흥취를 이기지 못하였다. 이에 스스로 한 곡조의 노래를 큰 소리로 부른다.

흐르는 물 아름답고 높은 산 맑으니
구름도 번쩍이고 안개도 자욱하네
물고기 빠르고 나는 새 즐거우니
버들도 피어나고 갈대도 싹이 트네
울적한 이 내 마음 한없이 구슬퍼
서울 길 바라보니 거리가 너무 멀어
궁벽한 남쪽 땅에 조용히 숨어 살며
때 묻은 옷자락을 깨끗이 씻고 싶네
내 마음 가는 데로 스스로 즐겨하며
호탕한 이 노래 마음껏 부르고 싶네

이러한 나의 이 뜻을 이루기 위해 이 노래에 이어 몇 서까래를 이었다. 이 누정을 지은 다음에 이어 이 사실을 기록하여 누정 안에 걸었다.

가정 37년 무오년(1558년) 삼월 하순 설강(雪江) 쓰다

余解紱南歸, 逍遙于屛岡之南九江之上, 而聘眺左焉而秋月, 供其秀麗, 右焉而月出獻其巉巖. 東拱瑞石之宏壯, 西呑錦城之清奇, 而平湖數百里, 浩漫汪洋, 青松繞堤. 明沙控岸, 漁客舟人, 檣棹往來謳歈, 和唱于時乎徙, 倚黎杖唱浩歌一曲, 歌曰, 水麗而山明兮, 剡白雲而濃碧霞. 魚儵而鳥樂兮, 靄翠柳而茁蒼葭. 菀余懷之渺渺兮, 望京闕而隔遐. 營菀裘於南陬兮, 滌塵襟於清波. 從吾好而自樂兮, 賦浩然之長歌. 因搆數椽茅棟, 記而揭之.

嘉靖三十七年戊午 暮春下浣 雪江題

1 병강은 현재 호가정 뒷산의 이름이고, 구강은 호가정 아래에 흘렀던 강의 이름이다.

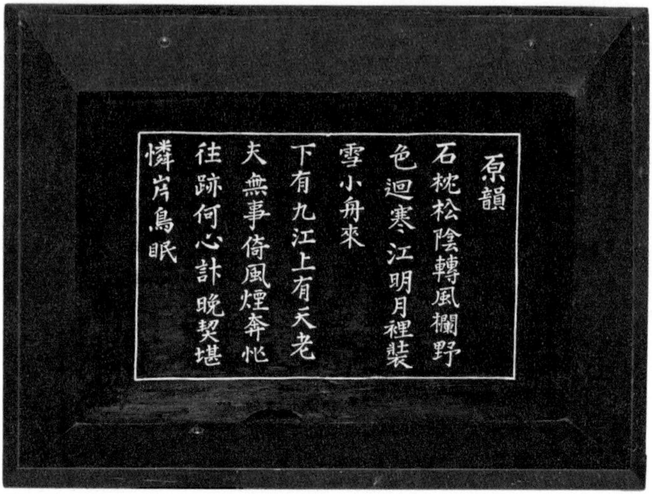

호가정 원운[2]

原韻

시원한 돌베개 솔 그늘 아른거리고 石枕松陰轉
서늘한 난간에는 들 빛이 둘러 있네 風欄野色迴
차가운 강물 위 밝은 달빛 속에 寒江明月裡
눈 덮인 작은 배 한가히 돌아오네 裝雪小舟來

또 지음
又

아래는 구강이요 위에는 하늘인데	下有九江上有天
늙은이 할 일 없이 자연에 내맡겼네	老夫無事倚風煙
바빴던 지난 자취 무슨 마음으로 지냈을까	奔忙往跡何心計
어여뻐라 늦게 사귄 졸고 있는 저 언덕의 새	晩契堪憐岸鳥眠

2 호가정 주인 설강(雪江) 유사(柳泗, 1502~1571)가 지은 원운시이다. 그의 시문집으로 목활자본 2책의『설강유고(雪江遺稿)』가 남아 있다.

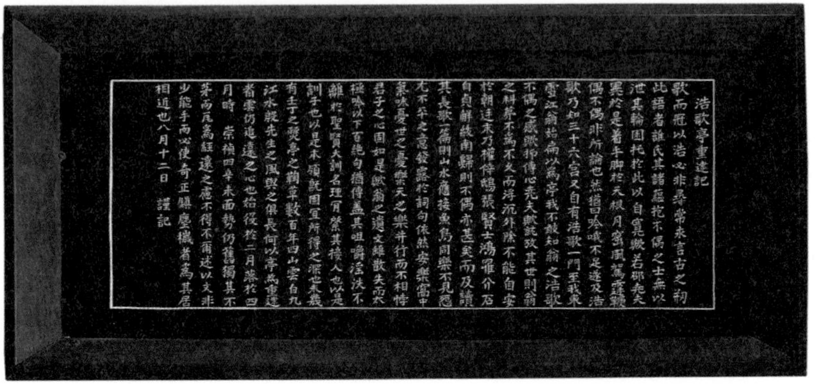

호가정중건기
浩歌亭重建記

노래한다는 가(歌)의 위에 호(浩)를 얹어 '호가'라 한 것은 보통의 말로 생각해서는 안 된다. 옛날 이 말을 지은 사람이 누구인지는 알 수 없다. 나의 생각으로는 많은 경륜을 쌓은 불우한 선비가 그의 울적한 마음을 달래기 위해 일부러 이러한 말을 만들어 스스로 자신을 위로하려 함이 아닌가 여겨진다.

옛날의 소요부(邵堯夫)[3] 같은 어진 이는 이런 경우에 견줄 수 없는 특이한 점이 없지 않다. 그의 발로 하늘의 천근(天根)을 밟고 그

3 소요부(邵堯夫)는 송대의 학자 소강절(邵康節)의 자(字)이다.

의 손으로 달의 월굴(月窟)을 더듬으며[4] 바람을 멍에하고 번개를 채찍질하는 신적(神的)인 위치에 놓여 있기 때문에 때를 만나고 만나지 못한 그 문제는 하등의 관계가 없는 별개의 문제이다. 마음속으로 조용히 읊고 읽을 수 있음에도 이를 부족하게 여겨 큰 소리로 노래 부르는 '호가'라는 한 문(門)이 생기게 되었다. 다시 말해서 삼십육궁(三十六宮)[5]의 문주에 이 문이 추가되어 삼십칠궁(三十七宮)으로 늘게 됨을 알 수 있다.

우리나라에서 설강(雪江) 선생이 최초로 '호가'라는 이름으로 이 정자를 지었다. 열외(列外)에 있는 나의 처지로서는 그의 본뜻이 세상을 만나지 못한 불우(不遇)의 심정을 달래기 위해서인지, 아니면 요부(堯夫)를 본받아 그의 신법(神法)을 배우려 함에서인지 정확히는 알 수 없다.

그러나 그의 내력을 살펴보면 이 선생의 과거급제(科擧及第)가 매우 오래되어 여러 관직을 맡았지만 거의 지방(地方)의 외직(外職)에 부침(浮沈)하여 조정(朝廷)의 위치가 불안하였고 또 그의 말년(末年)에 어진 선비들이 화를 당하는 어려운 시기를 만나게 되었다. 그가 스스로 관직을 버리고 남쪽으로 돌아오게 된 것은 이러한 현실을 그대로 인정할 수 없는 그의 곧은 마음이 있었기 때문이다.

---

4 송나라 소요부(邵堯夫)는 시 「관물음(觀物吟)」에서, "천근 월굴이 한가로이 왕래하는 가운데 삼십육궁이 온통 봄이로구나(天根月窟閒往來 三十六宮都是春)."라고 하였다.

5 주역 64괘 중 반체(反體)가 상경(上經)에 12괘, 하경(下經)에 16괘가 있고, 대체(對體)가 상경에 6괘, 하경에 2괘가 있어서, 도합 36가지이기에 이를 36궁이라 한다. 따라서 36궁이란 곧 주역 64괘를 말하는 것과 같다.

그럼에도 그가 지은 '호가' 한 편을 읽어 보면 조금도 이에 대한 불평의 뜻이 담기지 않았다.

도리어 산과 물을 상대로 대화를 나누고, 고기와 새를 벗 삼아 함께 즐기는 안락(安樂)의 기미가 가사(歌詞)의 구절(句節)마다 넘쳐흘렀다.

이는 세상을 근심하는 근심과 자연을 즐겨하는 즐거움이 함께 어울려 중화(中和)의 조화(造化)를 이루었기 때문이다. 그의 이러한 정신을 어찌 군자(君子)의 바른 심법(心法)이라 아니할 수 있겠는가?

선생의 남긴 글이 비록 모두 유실되어 없어졌다 할지라도 「태극음(太極吟)」 이하 백 가지의 절구(絕句)가 오히려 남아 전하고 있다. 여러 가지의 이치를 종합하여 깊은 연구를 거듭하였기 때문에 그의 문의(文意)가 성현(聖賢)의 커다란 훈사(訓辭)와 명리(名理)의 요지(要旨)에 어긋나지 않았다.

사람을 접대할 때에도 이러한 마음으로 접대하고, 아들을 가르칠 때도 이러한 마음으로 가르쳤기 때문에 그의 본령(本領)이 이미 굳어 그의 얻은 바가 깊었을 것이다.

이 정자를 지은 지 얼마 안 되어 임정(壬丁)[6]의 병난(兵亂)에 의해 소실된 후 수백 년의 세월이 흘렀다. 그럼에도 선생의 높은 유풍은 아무런 손상 없이 사산(四山)의 흰 구름 구강(九江)의 흐르는 물과 함께 길이 전해지고 있었다. 구태여 없어진 정자를 다시 지을 필요

---

6 임정(壬丁)은 임진왜란과 정유재란을 가리켜 이른 말이다.

가 있겠는가? 그러나 이 정자를 다시 세운 것은 선조의 유적을 다시 복구하려는 후손들의 추모정신이 있기 때문이다.

이의 중건이 최초 2월에 시작되어 이 해 4월에 완성되었고 그의 연대는 숭정(崇禎)[7]으로부터 네 신미(辛未)가 되는 해(1871년)이다. 그의 위치는 옛터를 그대로 이어받았고 띠가 아닌 기와로 한 것은 오래 보전하려는 깊은 생각이 있기 때문이다.

이의 사실을 기록한 기문에 있어서는 능란한 솜씨의 사람이 없는 것은 아니었지만, 반드시 기정진(奇正鎭)[8]에게 이 정자의 아름다움을 더럽히도록 한 것은 다만 가까운 거리에 살고 있기 때문이다.

8월 12일 삼가 기록함.

歌而冠以浩, 必非尋常永言. 古之刱此語者誰氏, 其諸蘊抱不偶之士, 無以泄其輪囷, 托於此以自寬歟. 若邵堯夫異於是, 著手脚於天根月窟, 風駕霆鞭, 偶不偶非所論也. 然猶曰吟哦不足, 遂及浩歌, 乃知三十六宮, 又自有浩歌一門. 至我東雪江翁, 始扁以爲亭. 我不敢知, 翁之浩歌, 不偶之感歟. 抑傳心堯夫歟. 就攷其世 則翁之科第, 不爲不久 而浮沉外除, 不能自安於朝廷. 末乃權倖鴟張, 賢士鴻罹,

---

7 숭정(崇禎)은 조선조 인조 6년(1623년)부터 인조 21년(1643년)까지의 기간에 해당되는 중국 명(明)나라 말기 의종(毅宗)의 연호를 이르는 말이다.

8 기정진(奇正鎭, 1798~1879)은 주리론을 정립한 조선 후기 호남의 대표적인 성리학자(性理學者)이다. 장성의 고산서원에 배향되고 있다.

介石自貞, 解紱南歸 則不偶亦甚矣. 而及讀其長歌一篇 則山水應接魚鳥同樂, 不見怨尤不平之意. 發露於詞句 依然安樂窩中氣味, 憂世之憂, 樂天之樂, 並行而不相悖. 君子之心, 固如是歟. 翁之遺文雖散失 而太極吟以下百絕句猶傳. 蓋其咀嚼淫泆, 不離於聖賢大訓名理肯綮. 其接人也以是, 訓子也以是. 本領旣固, 宜所得之深也. 未幾有壬丁之燹, 亭之鞠草數百年. 四山雲白, 九江水殷, 先生之風, 與之俱長. 何以亭爲重建者. 雲仍追遠之心也. 始役於某月, 落於某月, 時崇禎四辛未. 面勢仍舊, 獨其不茅而瓦, 爲經遠之慮. 不得不爾 述以文, 非少能手 而必使奇正鎭塵穢者, 爲其居相近也.

八月十二日 謹記.

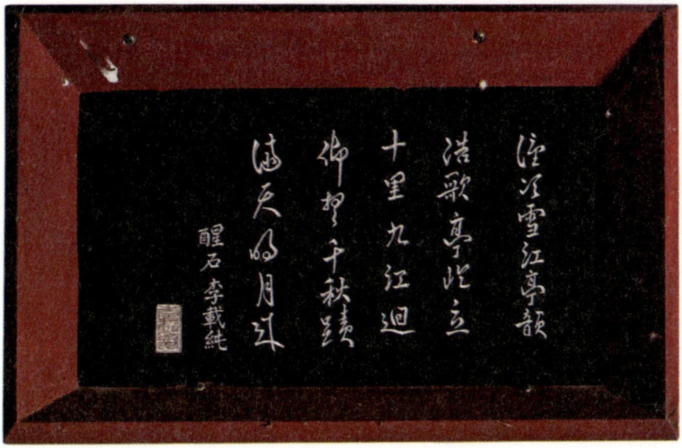

삼가 설강정 운을 이어서
謹次雪江亭韻

'호가'란 이 정자 하늘 높이 치솟으니	浩歌亭屹立
십 리의 구강물 하염없이 돌아오네	十里九江廻
천추의 높은 유적 우러러 생각하니	仰想千秋蹟
하늘의 밝은 달빛 소리없이 찾아오네	滿天明月來

성석 이재순 醒石 李載純

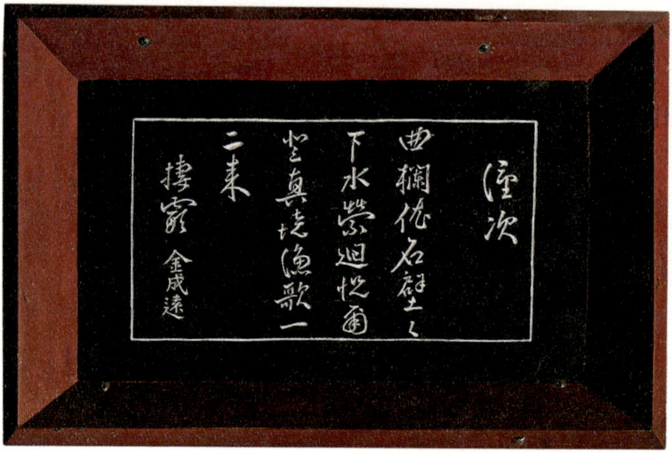

삼가 이어서

謹次

굽은 난간은 석벽 위에 의지하고　　曲欄依石壁
석벽 아래 흐르는 물은 굽이쳐 도네　　壁下水縈廻
황홀한 마음으로 좋은 곳에 올라오니　　恍爾登眞境
어부의 피리 소리 간간이 들려오네　　漁歌一二來

서하 김성원[9] 棲霞 金成遠

9 서하는 김성원(金成遠, 1525~1597)의 호이다. 서(捿)는 서(棲)와 같은 자이다. 무등산 북쪽 기슭의 석저촌(石低村), 지금의 광주광역시 북구 충효동 성안 마을에서 태어났다. 자는 강숙(剛叔), 호는 서하당(棲霞堂) 또는 인재(忍齋)이다. 6세 때인 중종 26년(1531년)에 아버지가 세상을 떠나자 나주목사를 지낸 당숙 사촌(沙村) 김윤제(金允悌, 1501~1572)에게 글을 배웠다. 을사사화(乙巳士禍)가 일어난 해인 1545년 호가정 주인인 서산유씨(瑞山柳氏) 유사(柳泗)의 딸과 결혼하였다.

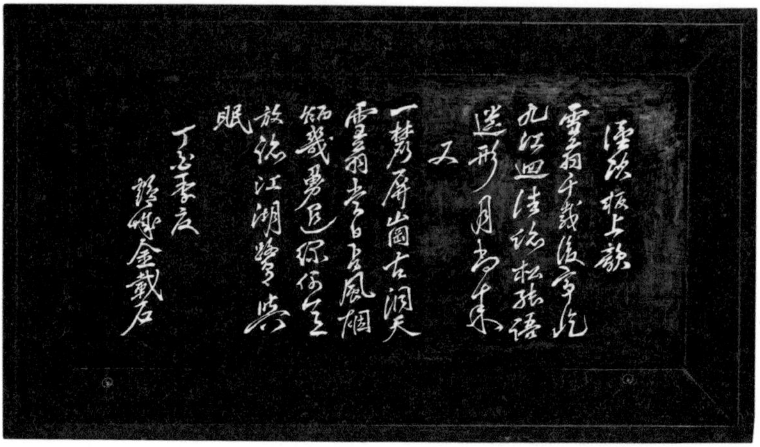

삼가 판상(板上)의 운을 이어서

謹次板上韻

설옹 선생 가신 지가 천년이 흘렀건만	雪翁千載後
높이 솟은 정자 아래 구강 물은 돌아가네	亭屹九江廻
지나 버린 옛 자취는 늙은 솔이 말하였고	往跡松能語
남아 있는 밝은 모습 둥근 달이 다시 오네	遺形月尙來

또 지음
又

병강의 기슭은 옛 신선이 살던 곳이니	一麓屛岡古洞天
그 당시 설옹이 이곳 풍연 점유했네	雪翁當日占風烟
기미 알고 용퇴하니 무슨 뜻 그러했나	炳幾勇退緣何意
강호에서 방랑하며 물새와 같이 쉬었다네	放浪江湖鷺與眠

정유년 늦은 여름 학성 김재석 丁酉 季夏 鶴城 金載石

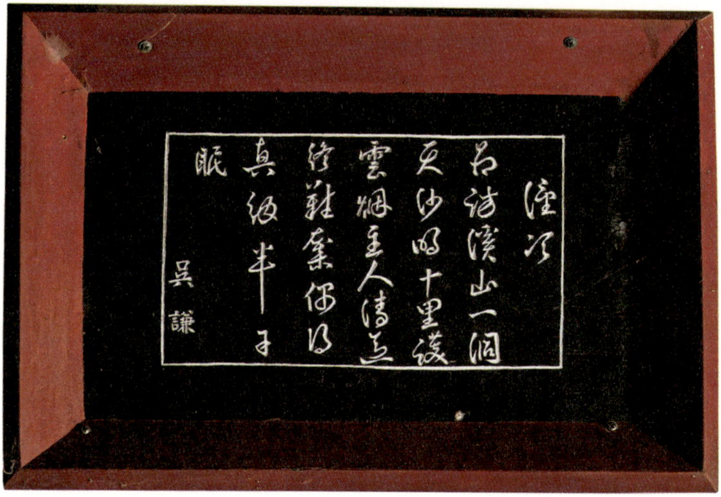

삼가 이어서
謹次

계곡과 산 둘러 있는 한 선계 찾아드니	爲訪溪山一洞天
명사십리(明沙十里)[10] 구름 연기 끼어 있네	沙明十里護雲烟
이 주인의 맑은 뜻 어느 누가 빼앗을까	主人淸意終難奪
우연히 참된 인연 얻어 반나절 쉬었다네	偶得眞緣半日眠

오겸[11] 吳謙

10 명사십리(明沙十里)는 호가정 앞 영산강을 이름 한 구강(九江) 가에 긴 모래밭을 말하는 것이다.

11 오겸(吳謙, 1496~1582)의 호는 국재(菊齋)인데, 관직은 광주목사, 대사헌, 예조판서 등을 지냈다.

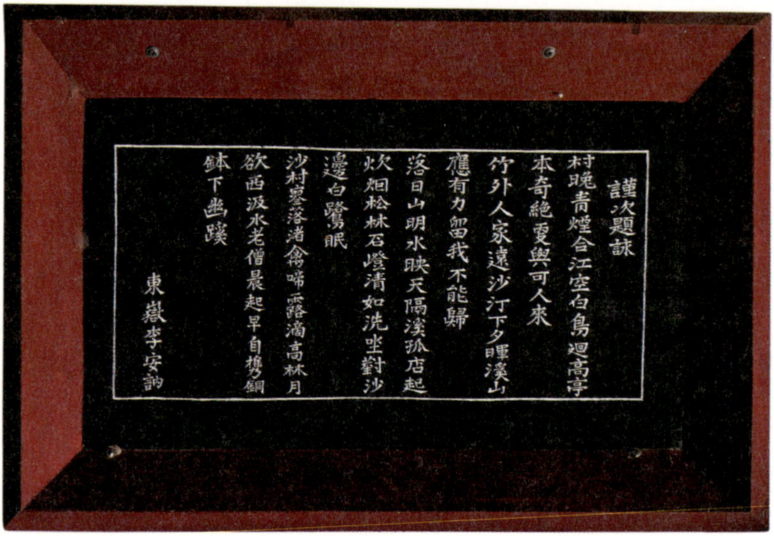

삼가 제영시를 이어서
謹次題詠

해 저문 저녁 마을 푸른 연기 가득하고　　村晚青烟合
비어 있는 텅 빈 강 흰 새 돌아오네　　江空白鳥迴
높은 이 정자 본디 기이하고 아름다워　　高亭本奇絕
또다시 가인들 그침 없이 찾아오네[12]　　更與可人來

대밭 너머 마을 집 멀리 떨어져 있고　　竹外人家遠

모래 쌓인 물가에 저녁노을 서려 있네	沙汀下夕暉
아름다운 산과 물 묘한 힘이 있는 건지	溪山應有力
이 내 몸을 붙잡아 돌아가지 못하겠네	留我不能歸

또 지음
又

석양 무렵 산수 빛 하늘 높이 솟았는데	落日山明水映天
시내 건너 외딴 집 저녁연기 일어나네	隔溪孤店起炊烟
솔숲에 바위 고개 씻은 듯이 깨끗한데	松林石嶝淸如洗
모래 가의 흰 백로 마주 보고 졸고 있네	坐對沙邊白鷺眠

또 지음
又

모래 가 마을 적막한데 물새만 슬피 울고	沙村寥落渚禽啼
이슬 맺힌 높은 나무 달은 기우네	露滴高林月欲西
물 긷는 늙은 중 새벽 일찍 일어나서	汲水老僧晨起早
쇠 동이[13] 지니고 깊은 계곡 내려오네	自携銅鉢下幽谿

동악 이안눌[14] 東岳 李安訥

12 가인(可人)은 착하고 훌륭한 사람을 일컫는 말이다.

13 동발(銅鉢)은 놋쇠로 만든 주발이지만, 여기서는 물 긷는 통을 말한다.

14 동악은 이안눌(李安訥, 1571~1637)의 호이다. 중종 때 시로 능하였던 좌의정 이행(李荇)의 증손이며, 택당(澤堂) 이식(李植)의 종숙(從叔)이다. 당시(唐詩)에 능하여 이태백에 비유되었고, 글씨도 잘 썼다. 호남 지방을 두루 여행하며 남긴 시가 많다.

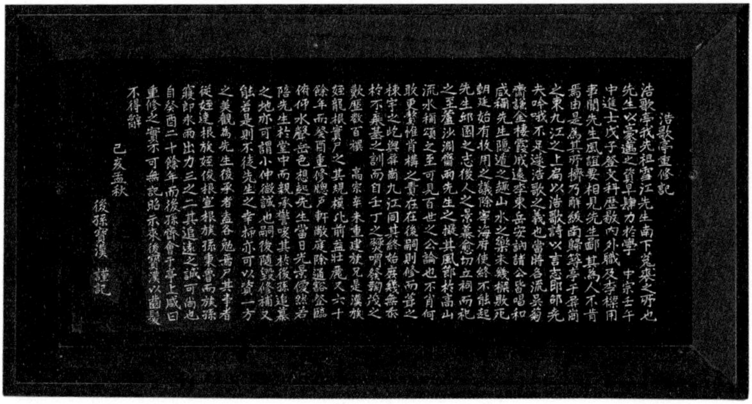

호가정중수기

浩歌亭重修記

이 호가정은 나의 선조이신 설강(雪江) 선생이 남쪽으로 내려와 그의 종적을 맡긴 곳이다. 선생이 호매(豪邁)[15] 한 인품으로 일찍 학문에 전력하여 중종(中宗) 임오년에 진사에 합격하고 무자년에 문과에 올라 내외(內外)의 여러 관직을 역임하였다.

당시의 권신(權臣) 이량(李樑)[16]이 모든 국사(國事)를 전단(專斷)

---

15 호매(豪邁)는 세속에 얽매이지 않는 뛰어난 기상이 있으며, 제약받지 않고 자유로움을 좋아하여 사람들의 구속을 받지 않는다는 말이다.

16 이량(李樑, 1519~1563)은 이조판서 등을 하였는데, 당시 명종의 신임을 빙자하여 편파적인 전횡(專橫)을 일삼았던 권신(權臣)으로 알려져 있다.

하면서 선생의 명망을 듣고 서로 만나기를 청하였다. 그러나 선생이 그 사람됨을 비루하게 여겨 이에 응하지 않았다. 이로 인해 그의 모함을 받아 벼슬을 버리고 남으로 돌아와 명성을 숨기었다.

병강(屛岡)의 동쪽에 있는 구강(九江) 위에 정자를 지어 그 이름을 '호가'로 하고, 또 시를 지어 그 뜻을 말하였다. '호가'라는 말은 소요부(邵堯夫)가 지은 "읊음으로 만족하지 않아 다시 크게 노래한다(吟哦不足遂浩歌)."라는 시구(詩句)를 취해 붙인 것이다. 당시 유명한 명류(名流)인 국재(菊齋) 오겸(吳謙)과 서하당(捿霞堂) 김성원(金成遠), 동악(東岳) 이안눌(李安訥) 여러 사람들이 모두 시를 지어 그의 이러한 높은 뜻을 찬양하였다.

얼마 후 이량이 패하여 죽게 되자, 조정에서는 다시 선생을 중용할 생각으로 영해부사(寧海府使)를 제수하였으나, 선생은 전원의 뜻을 굽히지 않았다. 이로 인하여 후인(後人)들이 선생에 대한 경모(景慕)의 정을 더욱 간절하게 하여 사당(祠堂)을 세워 신위(神位)를 모시게 되었다. 또 노사(蘆沙) 연재(淵齋)[17] 두 선생이 그의 풍절(風節)을 고산유수(高山流水)에 견주는 칭송을 아끼지 않았다. 이러한 칭송들은 모두 다 선생의 사적을 평하는 백세의 공론으로 그 의의를 살펴볼 수 있다. 불초 이 사람이 또 무슨 할 말이 있겠는가.

오직 후손의 처지로서 이 정자를 다시 수리하고 보완하여 그 동

---

17 노사(蘆沙)는 기정진의 호이다. 연재(淵齋)는 송병선(宋秉璿, 1836~1905)의 호인데, 한말의 학자였다. 을사늑약을 항거하다가 뜻을 이루지 못하자, 스스로 목숨을 끊은 당시의 순국지사이다.

우(棟宇)가 이 지역의 '병강' '구강'과 함께 그 수명을 같이할 수 있도록 특별한 조치를 취하는 것이 무엇보다 우선해야 할 급선무였다. 선대의 옛터를 버리지 말라는 훈계를 더럽히지 않는 것이 자손의 도리임을 모르는 바 아니다. 임정(壬丁) 양년의 병화(兵火)에 의해 이 정자가 소실된 뒤로 국무(鞠茂)[18]의 탄식을 느끼면서도 수백 년의 세월이 지난 고종(高宗) 신미(辛未, 1871년)에 이르러 비로소 이 정자가 중건되었다.

족형(族兄) 되는 시한(是漢)과 족질(族姪)되는 용근(龍根)이 실로 이 일을 주관하였고, 그 규모는 전에 비해 더욱 웅장하고 아름다웠다. 또 60여 년 후인 계유년(癸酉年, 1933년)의 2차 중수로 창문, 마루와 대청, 뜰 등이 모두 밝고 넓어 그 경관이 매우 아름다웠다.

누정에 올라 위아래를 오르내리며 흐르는 물소리와 푸른 산 빛을 바라보니, 어렴풋이 선생을 이곳에 모시고 친히 그의 가르침을 받는 느낌이 들었다. 후손의 처지로서는 다소간의 성의를 폈다는 의미에서 매우 다행한 일이 아닐 수 없다. 이 뒤로도 계속 이러한 방법으로 보수를 해나간다면 비단 선생의 다행일 뿐 아니라 이 지방의 관광을 제공해주는 좋은 자료가 될 것이다. 선생의 후손된 자는 이러한 점을 생각하여 더욱 각자의 노력이 있어야 할 것이다.

최초 이 일을 착수한 사람은 족질(族姪) 되는 달근(達根), 준근(俊根), 선근(宣根)과 족손(族孫) 되는 병노(秉魯)이다. 그 중에서도 족

---

18 국무(鞠茂)는 잡초가 무성하여 손으로 잡을 수 있는 황폐한 빈터를 이르는 말이다.

손이 되는 침랑(寢郎)[19] 영우(永雨)가 삼분의 이를 출력(出力)하였다. 그의 선조를 위하는 정성을 가상하다 아니할 수 없다.

이 정자의 마지막 중수를 마친 계유년(癸酉年, 1933년)으로부터 지금까지 20여 년의 세월이 흘렀다. 여러 후손들이 모두 이 정자에 모여 함께 말하기를 '중수의 실적을 반드시 문자로 기록하여 후세에 남겨야 한다.'고 하면서 나에게 이 기문을 부탁하였다. 나는 연령상 가장 많은 위치에 있기 때문에 사양하지 못하였다.

기해(己亥, 1959년) 초가을 후손 보한(寶漢)이 삼가 기록함

浩歌亭, 我先祖雪江先生, 南下菟裘之所也. 先生以豪邁之資, 早肆力於學, 中宗壬午中進士, 戊子登文科, 歷敭內外職. 及李樑用事, 聞先生風誼, 要相見. 先生鄙其爲人, 不肯焉, 由是爲其所擠, 乃解紱南歸. 築亭于屛崗之東九江之上, 扁以浩歌, 詩以言志. 盖邵堯夫吟哦, 不足遂浩歌之義也. 當時名流吳菊,齋謙,金棲霞成遠,李東岳安訥諸公, 皆唱和, 咸稱先生隱遁之,趣山水之樂.

未幾樑敗死, 朝廷始有收用之議, 除寧海府使, 終不能起先生邱園之志. 後人之景慕愈切, 立祠而祀之, 至蘆沙, 淵齋兩先生之擬共風

19 침랑(寢郎)은 참봉(參奉)의 병칭으로 조선시대 능(陵), 원(園), 종친부(宗親府), 봉상시(奉常寺) 등과 기타 각 관아에 소속된 종(從) 9품의 벼슬을 일컬은 말이다.

節於高山流水. 稱頌之, 至可見百世之公論也,不肖何敢更贅. 惟肯構之, 責在後嗣 則修而葺之, 棟字之屹與屛崗九江, 同其終始庶幾. 無忝於不棄基之訓 而自壬丁之燹, 喟發鞠茂之歎, 歷數百年, 高宗辛未重建. 族兄是漢, 族姪龍根, 實尸之, 其規模比前, 益壯麗, 又六十餘年 而癸酉重修, 牕戶,軒敞,庭除,通豁. 登臨俯仰, 水聲岳色, 想起先生當日光景, 優然若陪先生於堂中 而親承謦咳其於後孫, 追慕之地, 亦可謂小伸微誠也. 嗣後隨毁修補, 又能若是 則不徒先生之幸, 抑亦可以資一方之美觀. 爲先生後承者, 盍各勉焉. 尸其事者, 從姪達根, 族姪俊根, 宣根, 族孫秉魯 而族孫寢郎永雨, 出力三之二. 其追遠盍誠可尙也. 自癸酉二十餘年 而後孫齊會于亭上, 咸日 '重修之實, 不可無記, 昭示來後', 寶漢以齒髮, 不得辭.

己亥 孟秋 後孫 寶漢 謹記

만귀정 늦을 만晩, 돌아갈 귀歸, 누정 정亭

'늘그막에는 자연으로 돌아감'을 의미하는 말이다.

이 현판은 행서체인데 암사(嵒史) 윤희상(尹喜祥)이 쓴 것이다.[20]

초서체로 쓴 만귀정

20 암사 윤희상(嵒史 尹喜祥)은 함안윤씨(咸安尹氏)로 호를 암수(嵒叟)라고도 한다. 광주시 서구 행암동 출신으로 서예로 명성이 있었다. 참봉벼슬을 지냈으며, 행암동(杏巖洞)에 임리정(臨履亭)을 건립하였다.

만귀정

晩歸亭

삼가 귀 문중의 선대 유적 중건을 기념하여 축하합니다.

소화 갑술(1934년) 중양절

취운 장헌식

장안섭 종씨에게 보냅니다.

謹祝爲貴先代遺蹟 重建記念

昭和 甲戌 重陽節

翠雲 張憲植

張安燮 令宗氏 淸鑑

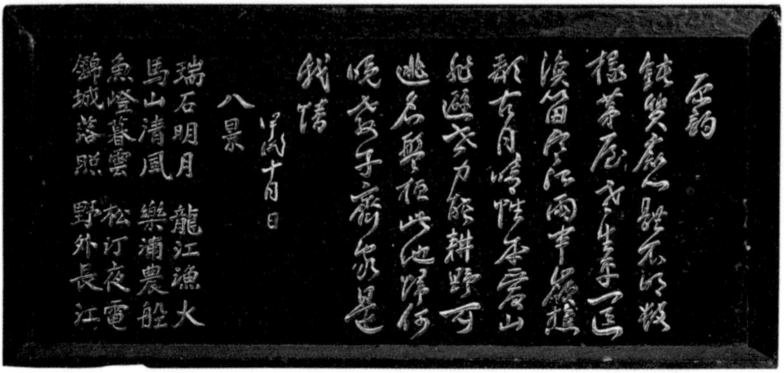

원운[21]

原韻

바탕이 노둔하고 마음이 어리석어 본체가 밝지 못하니　鈍質癡心體不明

두어 서까래로 얽은 이 띠집에서 내 평생을 늙어야지　數椽茅屋老生平

한 모퉁이 어부의 피리 소리 찬 강에는 보슬비 내리고　一區漁笛寒江雨

산등성이 나무꾼 노랫가락 하늘의 달빛 개어 있네　半嶺樵歌古月晴

성품이 본래 산을 즐긴 탓이요 세상을 피한 것 아니니　性本愛山非避世

힘껏 밭을 갈아 농사지으니 그 이름 저절로 숨겨지네　力能耕野可逃名

이곳에서 산책을 하니 돌아옴이 어찌 늦었다 하리　盤桓此地歸何晚

자식들 가르치고 집안을 다스림이 나의 뜻이라네　教子齊家是我情

갑술(1934년) 시월일　甲戌 十月日

팔경[22]

八景

서석산에는 밝은 달이 떠 있고	瑞石明月
황룡강에는 어부들의 불빛이 있네	龍江漁火
마산에는 맑은 바람 산들거리며	馬山淸風
낙포에는 농사를 위한 배가 오가네	樂浦農船
어등산에 저녁 구름 피어나고	魚嶝暮雲
송정에는 흰 눈이 밤을 밝히네	松汀夜雪
금성에는 아름다운 저녁노을	錦城落照
들 밖에 길고 긴 강물이 흐르네	野外長江

21 이 원운시는 1934년 무렵 지어진 만귀정 주인 장안섭(張安燮)의 시이다.

22 팔경의 내용은 처음 만귀정을 건립하였던 장창우(張昌羽)의 글에 나오는 말이다.

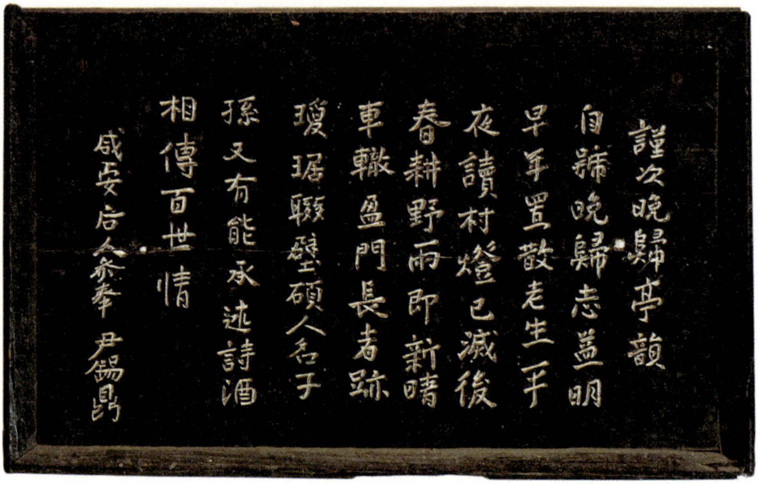

삼가 만귀정 운을 이어서
謹次晚歸亭韻

스스로 만귀라 부르는 그 뜻이 더욱 밝으니	自號晚歸志益明
이른 나이부터 한가히 지내며 평생을 늙었네	早年置散老生平
밤늦도록 독서에 마을 등불은 이미 꺼진 뒤요	夜讀村燈已滅後
봄날에 밭 가는 들에 내리던 비 새롭게 개었네	春耕野雨即新晴
이곳 찾은 훌륭한 선비들 수레 문 앞에 가득하고	車轍盈門長者跡
정자를 찬미한 명사들의 이름 구슬처럼 걸렸네[23]	瓊琚聯璧碩人名
자손들 또한 깊은 효심으로 업적이 이어지니	子孫又有能承述

시 짓고 술 마시며 백세의 뜻을 전하였네　　　詩酒相傳百世情

함안후인 참봉 윤석정　咸安后人 參奉 尹錫鼎

23 경거(瓊琚)는 아름다운 옥과 패옥(佩玉)이다. 『시경』 위풍(衛風) 목과(木瓜)에 "나에게 모과를 던져주니, 경거로써 보답하였네(投我以木瓜 報之以瓊琚)."라고 하였다. 여기서는 만귀정에 걸려 있는 현판들을 가리키는 말이다.

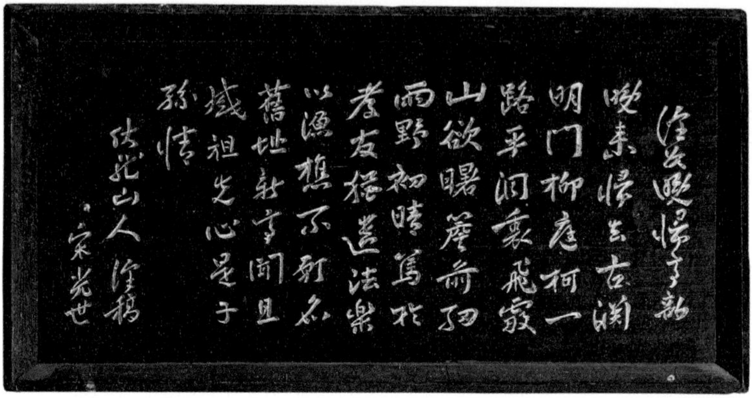

삼가 만귀정 운을 이어서

謹次晩歸亭韻

늘그막 돌아가는 건 옛날의 도연명인데[24]	晩來歸去古淵明
문 앞 버드나무 뜰에 나무들 길 따라 가지런해	門柳庭柯一路平
골짜기에 노을 사라지니 산 빛이 밝아지고	洞裏飛霞山欲曙
처마 앞 가는 비에 들이 맑아지기 시작하네	簷前細雨野初晴
효도와 우애에 독실하니 오직 가법을 지키고	篤於孝友猶繼法
고기 잡고 나무하며 세상의 명예를 멀리했네	樂以漁樵不願名
옛터에 새 정자 소문 나고 또 아름다우니	舊址新亭聞且感
선조의 마음은 바로 자손들의 정이라네	祖先心是子孫情

복룡산인 삼가 쓰다 송광세 伏龍山人 謹稿 宋光世

24 도연명(陶淵明, 365~427)은 동진(東晋)의 전원시인(田園詩人)이다. 벼슬에 나아가 있다가, 「귀거래사(歸去來辭)」를 읊으며 고향으로 돌아갔던 일이 유명하다.

삼가 만귀정 운을 이어서

謹次晩歸亭韻

후손들[25] 효도하는 마음 선대의 밝음 이어받아	雲仍孝思繼先明
힘 모아 이 당을 지어 화평한 가풍 이루었네	齊力肯堂議和平
바람 쐬고 시 읊음[26] 춘삼월 늦은 봄이 제격이고	風詠正誼春欲暮
잔치하고 노는 데 방해하지 않으려 비도 개었네	讌遊不妨雨初晴
한 몸의 노력으로 능히 천추의 업적을 세웠고	一身能立千秋蹟
만 사람 서로 호응하니 백세토록 이름 남겼네	萬口相應百世名
눈앞에 가득한 안개 모두 다 빌리어 가졌으니	滿目煙霞全借許
시 짓고 글 짓는 이들 사시의 정을 느끼겠구나	騷人各領四時情

서산후인 유병식 瑞山后人 柳秉植

25 운잉(雲仍)은 후손이라는 말인데, 특히 매우 먼 대(代)의 후손을 뜻한다. 증손의 다음이 현손(玄孫)이고 그 이하 차례로 내손(來孫), 곤손(昆孫), 잉손(仍孫), 운손(雲孫)이라고 한다.

26 풍영(風詠)은『논어(論語)』에 나오는 말이다. 공자와 제자 증점의 대화에서 비롯되었는데, "늦은 봄날 봄옷이 새로 만들어지면 여러 관동(冠童)들과 함께 기수(沂水)에서 목욕하고 '무우에서 바람 쐰 뒤 노래를 부르며 돌아오겠다(風于舞雩, 詠而歸)'."라는 구절이다. 풍영은 여기에서 비롯된 말이다.

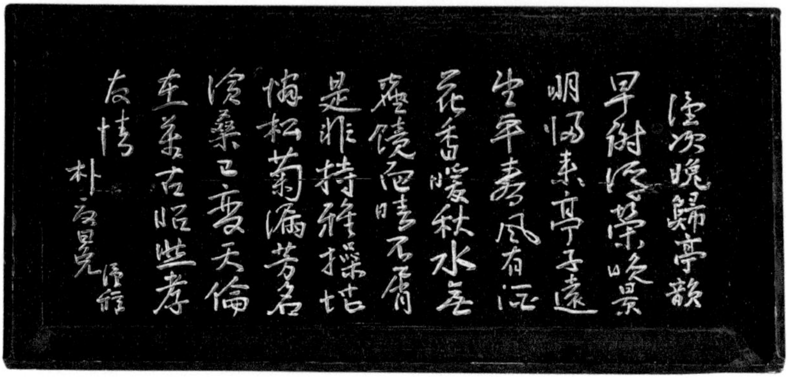

삼가 만귀정 운을 이어서

謹次晚歸亭韻

일찍이 허황된 영화 멀리하여 만년이 밝아서　早謝浮榮晚景明
돌아온 정자에서는 멀리 평야가 바라보이네　歸來亭子遠望平
봄바람에 술잔 기울이니 꽃향기 그윽하고　春風有酒花香暖
가을 물 티 없이 맑으니 거울처럼 맑다네　秋水無塵鏡面晴
옳고 그름 원하지 않아 청아한 지조를 지키고　不屑是非持雅操
송국같이 잘 참았으니 아름다운 이름에 붙여졌네[27]　堪忍松菊屬芳名
창상[28]처럼 이미 변했으나 천륜은 변할 수 없으니　滄桑已變天倫在
만고에 길이 빛날 것은 오직 효우의 정뿐이라네　萬古照然孝友情

박하면 삼가 씀 朴夏冕 拜稿

27 감인(堪忍)은 잘 참는다는 말이다. 소나무, 국화처럼 찬바람이 불 때도 잘 참았으니, 그 이름이 아름다워졌다는 뜻이다.

28 창상(滄桑)은 창해상전(滄海桑田)의 줄인 말로 상전벽해(桑田碧海)란 말과 같다. 큰 바다가 뽕밭으로 변하고 뽕밭이 큰 바다로 변한다는 뜻으로, 세상사의 변화가 매우 크거나 커다란 변고를 이른다.

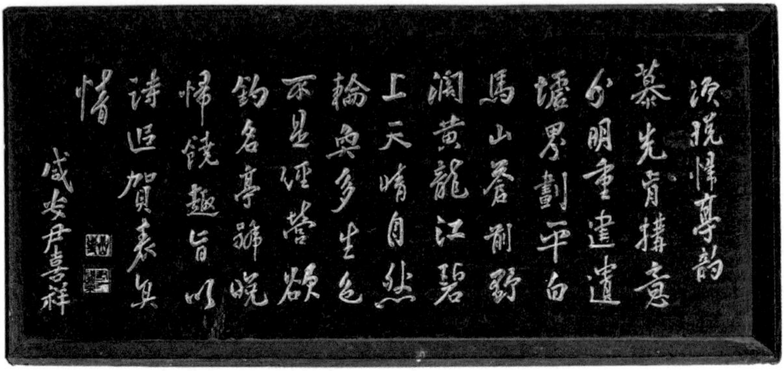

만귀정 운을 이어서

次晚歸亭韻

선조를 사모하여 새로 집 지으니 그 뜻 분명하여[29]　慕先肯構意分明
옛터에 정자를 다시 세우기 위한 계획 이루어졌네　重建遺墟界劃平
백마산의 산빛 한없이 푸르고 앞뜰 넓고 넓으며　白馬山蒼前野濶
황룡강의 강물 푸르러 파란 하늘로 올라가는 듯[30]　黃龍江碧上天晴
자연스레 크고 아름다워 화려한 광채 나타나니[31]　自然輪奐多生色
이 집을 새로 지어 명예 얻으려 함이 아니라네　不是經營欲釣名
누정의 이름을 만귀로 불러 그 취지 아름다우니　亭號晚歸饒趣旨
축하의 뜻으로 이 시를 지어 나의 정 표한다오　以詩追賀表眞情

함안 윤희상[32] 咸安 尹喜祥

29 긍구(肯構)는 집터를 닦고 건물을 세운다는 말이다. 긍구긍당(肯構肯堂)이라고도 하며 즉 옛터에 옛 규모로 중건하였음을 말한다. 선조의 유업(遺業)을 후손들이 계속 이어받아 발전시켜 나가는 것을 뜻하기도 한다.

30 황룡강(黃龍江)은 호가정 근처의 영산강의 지류이다.

31 윤환(輪奐)은 규모가 크고 아름답다는 뜻으로, 건물이 낙성된 것을 축하할 때 쓰는 표현이다.

32 윤희상은 '만귀정'이라는 현판을 쓴 서예가이다. 그때 이 시도 지었음을 알 수 있다.

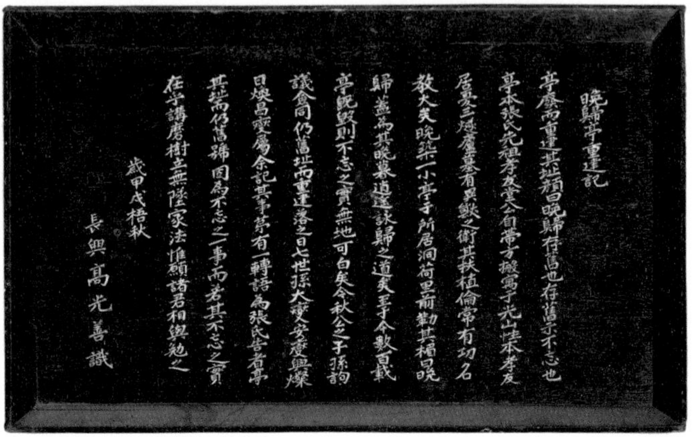

만귀정중건기
晩歸亭重建記

정자가 없어진 옛터에 다시 정자를 세워 그 이름을 '만귀(晩歸)'라 하였다. 옛날의 그 모습을 그대로 보존하기 위함이요, 옛날의 그 모습을 그대로 보존하려 한 것은 또 그 근본을 잊지 않기 위해서이다.

이 정자는 원래 장씨(張氏)의 선조인 효우당공(孝友堂公)이 대방(帶方, 남원)으로부터 광산(光山)으로 이거(移居)하면서 지은 건물이다. 공의 성품이 본래 효우(孝友)하여 부모 상사(喪事)에 삼 년간의 여묘(廬墓)[33]살이한 지극한 효자였다. 이러한 효성에 감복한 산

33 '여묘(廬墓)살이'는 부모의 무덤 옆에 막을 치고 사는 일이다.

속의 괴이한 짐승들이 일부러 그의 신변을 보호하기 위해 그의 주위를 호위해주는 감응(感應)을 불러일으키기도 하였다. 참으로 인륜의 명분을 일으키는 도덕(道德)의 가르침에 기여한 그 공로가 크다고 아니할 수 없다.

이러하였던 공이 뒤늦게 조그마한 정자를 그가 살고 있는 동하리(洞荷里) 앞에 세워 그 이름을 '만귀'라 하였다. 그 이름을 만귀라 한 것은 늙은 만년에 이곳에 노닐며 한가히 풍류를 즐긴다는 뜻으로 붙인 것이다.

그러나 수백 년의 세월이 지난 오늘에 이르러 이 정자가 이미 훼손되어 그 모습을 찾을 수 없게 되었다. 비록 선조의 유업을 잊지 않은 추모의 정은 간절하나 이러한 충정을 나타낼 적당한 일을 찾지 못하였다. 금년 가을에 공의 후손들이 이 문제에 대해 많은 토론을 거듭한 끝에 옛날 터에 다시 정자를 세워 선조의 유업을 다시 복구하기로 하였다.

선조의 옛터를 다시 다듬어 정자를 세워 낙성(落成)[34]을 하던 날, 공의 칠세손(七世孫) 대섭(大燮), 안섭(安燮), 흥찬(興燦), 일환(日煥), 창섭(昌燮) 등이 나에게 이 정자의 중건사실(重建事實)을 기록할 기문(記文)을 부탁하였다.

나 또한 본래의 말을 떠나 한 가지 장씨(張氏)를 위해 할 말이 있다. 선조의 옛터에 정자를 지어 옛날의 그 이름을 그대로 붙인 것

34 낙성(落成)은 공사를 다 마친다는 말이다.

은 참으로 선조를 잊지 않은 하나의 불망지사(不忘之事)라 할 수 있다. 그러나 선조를 잊지 않은 불망의 바탕은 여기에만 있는 것이 아니라, 깊은 학문(學問)을 갈고 닦아 높은 업적을 세워 가문의 명예를 실추시키지 않음에 있다. 오직 여러 분들의 힘찬 근면(勤勉)이 있기를 바랄 뿐이다.

갑술년(甲戌, 1934년) 칠월에 장흥(長興) 고광선(高光善)[35] 쓰다.

亭廢而重建其址, 顔曰 '晩歸', 存舊也存舊, 示不忘也. 亭本張氏先祖孝友堂公, 自帶方搬寓于光山. 性本孝友, 居憂三燧廬墓. 有異獸之衛其扶植. 倫常有功名敦大矣. 晩築一小亭于所居洞荷里前, 勒其楣曰晩歸, 盖爲其晩暮消遙詠歸之意也. 至于今數百載, 亭袛毁則不忘之實, 無地可白矣. 今秋公之後孫, 詢謀僉同, 仍舊址而重建, 落之日, 七世孫大燮, 安燮, 興燦, 日煥, 昌燮, 屬余記其事. 第有一轉語, 爲張氏告者. 亭其址而仍舊號, 固爲不忘之一事, 而若其不忘之實在乎講磨, 樹立無墜家法. 惟願諸君, 相與勉之.

歲甲戌 梧秋 長興 高光善 識

35 고광선(高光善, 1855~1934)의 호는 현와(弦窩)이며, 한말, 일제강점기의 한학자이다. 문집으로『현와유고(弦窩遺稿)』4책이 남아 있다. 그는 이 글을 쓴 해 12월 25일에 운명하였다.

분향독서

焚香讀書

향을 피우고 독서를 하다

주희[36] 朱熹

36 주희(朱熹, 1130~1200)는 중국 남송의 유학자로 호는 회암(晦庵), 주자(朱子)는 존칭이다. 그의 학문은 이른바 '주자학(朱子學)'으로 집대성되었으며, 우리나라의 많은 학자들이 이를 이어받았다.

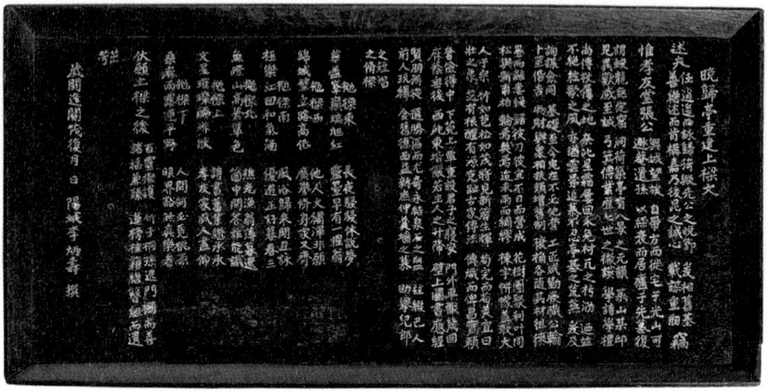

만귀정중건상량문

晩歸亭重建上樑文

이리저리 거니는 소요(逍遙)의 마음으로 자연을 읊으며 돌아오니 선공(先公)의 만년(晩年) 절개가 이 아니 거룩하며, 선조의 유업을 계승하여 오늘의 정자를 중건하니 후곤(後昆)의 성심 또한 아름답기 그지없다. 선조의 옛터를 다시 찾아 이 정자를 중창(重刱)함은 그 뿌리를 잊지 않기 위해서이다. 가만히 생각하건대 효우당(孝友堂) 장공(張公)은 흥성(興成)의 망족(望族)이요, 돈암(遯菴)의 유손(遺孫)이다.

대방(帶方)[37] 땅으로부터 광주(光州)로 집을 옮겼으니 일정한 정

37 대방(帶方)은 전라북도 남원의 옛 명칭이다.

굴(定窟)이 없이 마땅한 장소를 찾아다니는 교룡(蛟龍)과 흡사하고, 부모의 초상을 당하여 무덤 옆에 여막(廬幕)을 치고 시묘(侍墓)살이를 하니 이에 감화한 짐승들이 그의 주변을 호위하였다.

동하(洞荷)마을에 정자를 지어 팔경(八景)의 원운(原韻)을 남겼고, 부모의 가업(家業)을 이어받아 칠세(七世)의 휘모(徽謀)를 빛내었다. 어느 산 어느 언덕에나 그가 노닐던 장구(杖屨)[38]의 흔적이 남아 있고, 시(詩)를 읊고 예(禮) 배우는 현가(絃家)의 소리 그치지 않았다.

오랜 성상(星霜)이 지나감에 따라 이 정자의 마룻대가 저절로 부서져 없어지니, 선조의 유업을 추모한 손자들이 차마 이 정자의 황폐(荒廢)함을 그대로 간과할 수가 없었다. 여러 자손들이 모두 이 정자의 중건을 원하였고, 길흉(吉凶)을 점치는 복서가(卜筮家)[39]들도 모두 중흥(中興)의 길조(吉兆)라고 평하였다. 옛날의 기초가 그대로 남아 있으니 구태여 장소를 물색할 필요가 없고, 모든 경비를 여러 사람이 부담해 함께 힘을 합하니 그 규모가 오히려 구제(舊制)보다 나았다. 여러 목공(木工) 장인들이 맡은 바 일에 충실하여 공수(公輸), 이루(離婁)[40]에 못지않은 고도의 기술을 발휘하고 기둥 서까래 등의 모든 목재는 그 나무의 용도에 따라 조래(徂徠)[41], 신

38 장구(杖屨)는 지팡이와 신. 이름난 사람이 머무른 자취이다.

39 복서가(卜筮家)는 길흉(吉凶)을 알기 위하여 점을 치는 사람이다.

40 공수(公輸)는 옛날 중국 노(魯)나라 사람으로 당시의 이름난 목공이고, 이루(離婁)는 옛날 중국 황제(黃帝) 때의 사람으로 눈이 비상히 밝은 유명한 목공이다.

41 조래(徂徠)는 옛 중국 산동성(山東省) 태안현(泰安縣) 동남(東南)쪽에 있는 산 이름으로 이 산에서 생산된 나무가 아주 단단하고 좋다고 한다.

보(新甫)[42] 등지의 나무에 견줄 수 있는 최고의 송백(松柏)을 사용하였다. 톱으로 켜고 칼로 깎아 며칠 안 되는 짧은 시일에 공정을 완료하였으니, 화려한 이 정자를 오래 보존하기 위해 언제나 비 오기 전에 지붕을 동여매는 것처럼 예방(豫防) 조치를 취하였다.

꽃나무 아래 단란히 모여 종족(宗族) 간의 친목을 두터이 하고, 용마루 처마를 위로 덮어 대장(大壯)[43]의 기상을 이루었다. 솔·대가 더부룩이 자라나니 장차 새 처마에 아름다운 경치가 나타날 것이요, 지초(芝草)와 단 샘이 뿌리 근원에 있으니 능히 고가(古家)의 법통(法統)을 이루었다네.

겨우 완전하고 아름다운 마땅한 시설을 하였기에 지나치게 호사함도 아니요, 또 그렇게 누추(陋醜)함도 아닌 중간의 위치이고, 이처럼 번성하고 이처럼 발전한 것은 실로 선조들이 쌓은 음덕(陰德)의 그늘이 있기 때문이다. 아래에 왕골자리를 펴고 위에 대발을 드리워 군자(君子)의 잠자리를 편안케 하고, 서쪽에 동산을 만들고 동쪽에 계단(階段)을 쌓으니 엄숙(嚴肅)한 옛 주인이 이곳을 오르내리는 듯한 느낌이도다. 문밖에 남아 있는 수레바퀴 자국은 여러 차례 이곳을 찾아온 어진 친구들의 차량(車輛)이 있었기 때문이요, 벽 속에 보관되어 있는 여러 도서(圖書)들은 이미 전인(前人)들이

42 신보(新甫)는 옛 중국 산동성(山東省) 지역 내에 있는 문양현(汶陽縣)의 산 이름으로 이 산에서 생산된 나무 또한 아주 단단하고 좋다고 한다.

43 대장(大壯)은 양기(陽氣)가 왕성하여 대단히 성(盛)하다는 뜻으로 육십사괘(六十四卦)의 하나이며 건물(建物)의 웅장(雄壯)함을 가리킨 말이다.

모두 읽고 배운 남은 유물이다.

좋은 기억에서 더욱 기특한 장소를 골라 맑은 샘물과 흰 돌을 그의 친구로 사귀었고, 선조의 음덕(陰德)을 받아 날로 새로워지면서 자손으로서 해야 할 사모의 정을 다하였다. 이에 비속(卑俗)한 이 사람이 짧은 아랑 노래를 연이어 불러 들보를 올리는 작업을 돕고자 한다.

무거운 이 상량이 동으로 당겨지니
화개봉(華蓋峰) 꼭대기에 서욱(瑞旭)이 붉어 있네
긴 밤이 침침(駸駸) 하니 꿈 얘기 그만하오
신명한 영대(靈帶)[44] 속에 성옹(惺翁)[45]이 앉아 있네.

무거운 이 상량이 서쪽에 당겨지니
금성(錦城)이 높이 솟아 그 길이 높고 낮네.
타인(他人)의 고운 문수(文繡)[46] 뭣 하러 원할 손가
훌륭한 명예(名譽) 얻어 몸 닦고 치가(治家)하리

무거운 이 상량이 남쪽에 당겨지니

---

44 영대(靈臺)는 신령스러운 마음과 정신이 담겨 있는 곳이다.

45 성옹(惺翁)은 영대(靈臺) 속에 담겨 있는 맑고 밝은 마음이다.

46 문수(文繡)는 화려한 무늬를 놓은 수 또는 그 의복으로 외표(外表)가 아름다움을 가리킨 말이다.

극락강(極樂江) 흐른 물에 화기(和氣)가 뭉쳐 있네.
풍욕(風浴)[47] 후 돌아와서 한가히 시 읊으니
춘삼월(春三月) 좋은 시절 즐거이 놀아보세.

무거운 이 상량이 북쪽에 당겨지니
어등산(魚嶝山) 높이 솟아 푸른 빛 울창하네.
초로어옹(樵老漁翁) 짝을 지어 박모(薄暮)에 돌아오니
그들이 문답(問答)한 말 그 누가 알리오.

무거운 이 상량이 그 위로 올라가니
문성(文星)[48]이 찬란하여 구슬처럼 이어 있네.
시서(詩書)의 옛 유업(遺業)을 연이어 계승하니
효우(孝友)의 어진 가풍(家風) 사람마다 우러보네.

무거운 이 상량이 아래로 내려오니
상마(桑麻)[49]의 비 이슬이 평야(平野)에 연이 있네.
그 무엇 부족하여 도원(桃源)을 찾을 손가
안계(眼界)가 활연(豁然)하니 참으로 즐겁도다.

---

47 풍욕(風浴)은 맑은 바람을 쐬고 맑은 물에 목욕한다는 뜻이다.
48 문성(文星)은 인간의 글 잘하는 문장가(文章家)를 관리한 하늘의 별이다.
49 상마(桑麻)는 뽕나무와 삼을 가리킨 말로 누에를 치고 베를 짜는 시골의 전야(田野)이다.

엎드려 원하노니 상량 후 여러 신령(神靈)이 특별히 보호하시고, 모든 복록(福祿)이 함께 다 달아 어진 자손들이 문안에 가득하고 과거급제(科擧及第)가 연이어 일어나길 바랄 뿐이다.

갑술(甲戌)년 복월(復月)[50] 양성(陽城) 이병수(李炳壽)[51] 지음

述夫任消遙而詠歸, 猗歟先公之晩節, 善繼述而肯構, 嘉乃後昆之誠心. 暖相舊基, 載謀重刱, 竊惟孝友堂張公, 興城望族,遯菴遺孫. 自帶方而徒宅于光山, 可謂蛟龍無定窟, 以經衰而居廬于先墓, 復見異獸感至誠. 洞荷築亭, 有八景之元韻, 弓箕傳業, 歷七世之徽謀. 某山某邱, 尙傳杖履之地, 學詩學禮, 不絶絃歌之風. 奈此星霜屢回, 未免村亢之朽泐, 亦猶雲昆追慕, 不忍亭基之荒蕪, 廼玆詢謀僉同爰, 及卜筮偕吉. 基礎至今宛在, 不必他營物, 財與衆相扶, 頗增舊制. 工匠咸勤厥職, 公輪墨而離婁繩, 椳桶各隨其材, 徂徠松與新甫柏. 鋸彼力彼, 宜不日而營成, 輪焉奐焉. 迨未雨而調繆. 花樹團聚, 利叶同人于宗, 棟宇併欞盖, 取大壯之象. 竹如苞松如茂, 將見新筍生輝. 芝有根醴有源, 克趾古家傳法. 苟完而苟美宜 日奢儉得中, 俾熾而俾昌, 實賴庥蔭垂後. 下莞上簞, 重設君子之寢安, 西苑東階, 儼若主人

50 복월(復月)은 양(陽)의 기운이 처음 잉태하는 10월의 별칭이다.

51 이병수(李炳壽, 1855~1941)의 본관은 양성(陽城)으로 나주지역의 한학자이다. 문집으로 10책에 달하는 방대한 『겸산유고(謙山遺稿)』가 남아 있다.

之升降. 門外車轍, 幾回賢朋遊從, 壁上圖書, 應經前人玩繹. 選勝區而尤奇永結泉石之盟, 食舊德而益新, 庶伸羹墻之慕. 茲綴巳人之短唱,助擧兒郎之脩. 禊拋樑東, 華盖峯巓, 瑞旭紅. 長夜駸駸休說夢. 靈臺早有一惺翁. 拋樑西, 錦城壁立路高低. 他人文繡渾非願, 廣譽脩身家. 又齊拋樑南, 極樂江回和氣. 流風俗歸來閒且詠, 優遊正好暮春三. 拋樑北, 魚嶝山高, 蒼翠色. 樵老漁翁, 薄暮還, 箇中問答, 誰能識. 拋樑上, 文星璀璨聯珠狀. 詩書舊業繼承, 承孝友家風, 人盡仰. 拋樑下, 桑麻雨露, 連平野. 人間何必覓桃源, 眼界豁然, 眞樂者. 伏願上樑之後, 百靈慳護, 諸福兼臻竹子桐孫遶門欄 而善蓮榜桂繼簪祖而遺

歲閼逢閹茂[52] 復月日 陽城 李炳壽 撰

52 알봉(閼逢)은 고갑자(古甲子) 십간(十干) 중 갑(甲)에 해당하고, 엄무(閹茂)는 십이지(十二支)중 술(戌)에 해당된다. 그러므로 갑술(甲戌, 1934년)을 말한다.

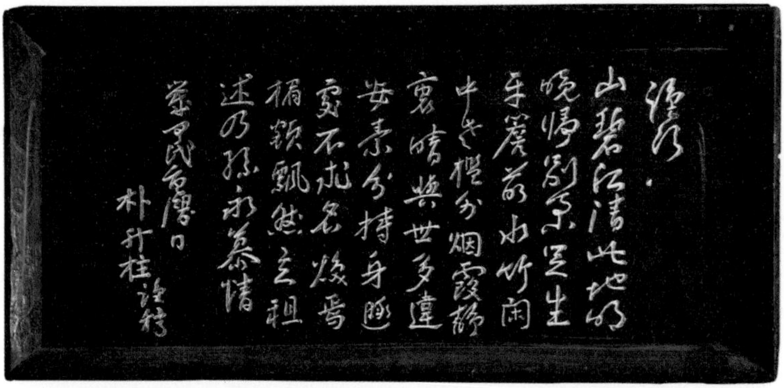

삼가 이어서

謹次

푸른 산 맑은 강 끼고 있는 이곳 밝으니	山碧江淸此地明
느즈막 돌아와 이 집을 지어 평생을 보낸다네	晩歸別業足生平
처마 앞에 서 있는 수죽 한가로이 늙어가고	簷前水竹閑中老
난간 밖에 저 안개 이슬 고요한 속에 맑아지네	檻外煙露靜裏晴
어지러운 이 세상 멀리하고 스스로 분수 지키며	與世多違安素分
몸가짐 닦아 은둔에 처해 공명 구하지 않았네	持身遯處不求名
화려한 정자의 모습 표연히 서 있으니	煥焉楣額飄然立
선조의 유업 계승하는 자손의 충정 서려 있네	祖述乃孫永慕情

갑술년(1934년) 9월 9일 박승주 삼가 씀　歲甲戌 重陽日 朴升柱 謹稿

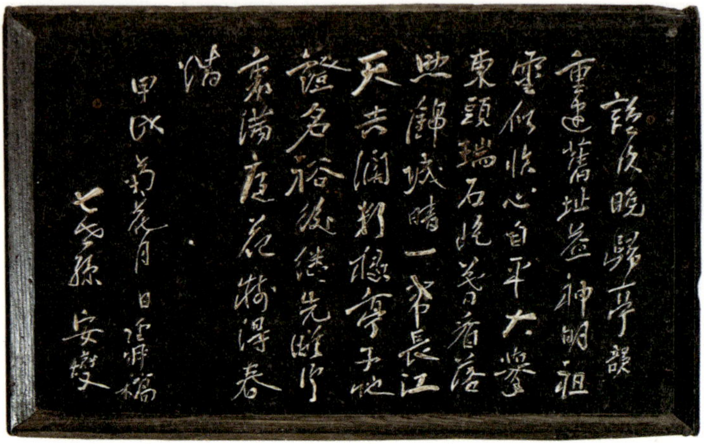

삼가 만귀정 운을 이어서

謹次晩歸亭韻

이 정자 옛터에 다시 세우니 더욱 신명스럽고　重建舊址益神明
선조의 영혼이 내려온 듯 마음 절로 편하다네　祖靈似臨心自平
동쪽으로 머리를 드니 서석산 우뚝 솟아 있고　大擧東頭瑞石屹
저물 무렵 낙조 바라보니 금성이 맑아라　暮看落照錦城晴
한없이 흐르는 긴 강물 하늘과 함께 광활하고　一帶長江天共濶
두어 서까래 정자 이 지역을 밝게 만들었네　數椽亭子地證明
후손 열어주고 선업 이어 우러러보는 속에　裕後繼先瞻仰裏
뜰에 가득 꽃나무들 어느덧 춘정 머금었네　滿庭花樹得春情

갑술년(1934년) 국화월[53] 일 삼가 쓰다　甲戌 菊花月 日 謹拜稿

7세손 장안섭　七世孫 安燮

53 국화월(菊花月)은 보통 음력 9월을 말한다.

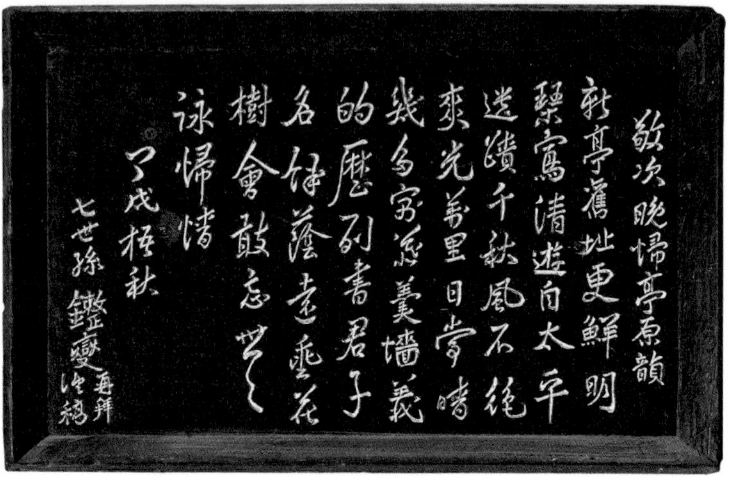

공경히 만귀정 원운을 이어서
敬次晚歸亭原韻

새 정자 옛터에 세워 그 모습 더욱 선명한데	新亭舊址更鮮明
거문고와 붓 들어 즐겁게 노니 이 아니 태평인가	琴寫清遊自太平
천추에 남길 유적 바람에도 끊어지지 않고	遺蹟千秋風不絕
만 리 뻗은 상쾌한 이 빛 날마다 맑기만 하네	爽光萬里日常晴
선조를 위한 한없는 존모의 뜻 여기 붙이었고	幾多寓慕羹墻義
선명한 글씨들 여러 군자들의 이름이라네	的歷列書君子名
선조의 남긴 여음으로 화수회 있게 되니	餘蔭遠垂花樹會

어찌 감히 세세토록 영귀[54]의 뜻 잊을 손가　　敢忘世世詠歸情

갑술년(1934년) 가을 甲戌 梧秋

칠세손 정섭 절하고 삼가 씀[55] 七世孫 鑾燮 再拜 謹稿

---

54 영귀(詠歸)는 공자의 제자 증점(曾點)이 "늦은 봄에 봄옷이 만들어지면 관을 쓴 벗 대여섯 명과 아이들 예닐곱 명을 데리고 기수에 가서 목욕을 하고 기우제 드리는 무우에서 바람을 쏘인 뒤에 노래하며 돌아오겠다(暮春者, 春服既成, 冠者五六人, 童子六七人, 浴乎沂風乎舞雩, 詠而歸)."라고 자신의 뜻을 밝히자, 공자가 감탄하였다는 내용에서 비롯되었다. 『논어』에 나오는 말이다.

55 경진(庚辰, 1940년)에 습향각을 지었고, 바로 그때 지어진 시이다.

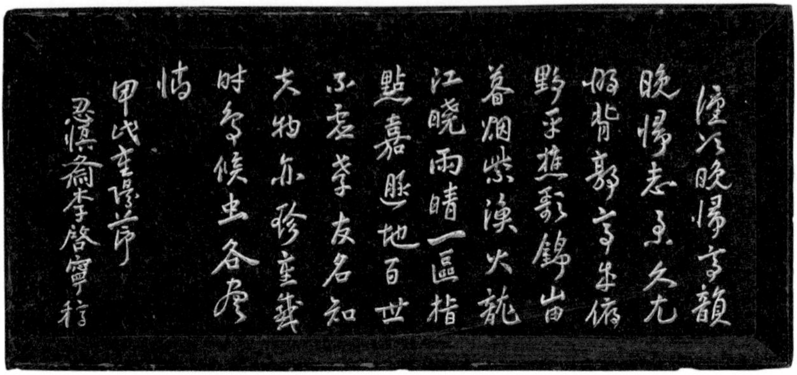

삼가 만귀정 운을 이어서

謹次晩歸亭韻

늦게 돌아와 뜻을 이루니 오래도록 더욱 밝아　晩歸志業久尤明
산곽을 등지고 정자 이루니 평야를 굽어보네　背郭亭成俯野平
금성산 꼭대기 나무꾼 노랫소리 저문 연기 붉고　樵歌錦峀暮煙紫
황룡강 고기 잡는 불빛에 새벽비도 개었구나　漁火龍江曉雨晴
아름다운 이 구역 은거의 땅으로 선정되니　一區指點嘉遯地
백세토록 효우의 이름 남아 헛되지 않으리　百世不虛孝友名
자연의 동물들도 이러한 진중의 뜻 알아차려　知夫物亦珍重意
철따라 우는 새와 벌레들도 그 정을 다하구나　時鳥候蟲各盡情

갑술년 구월 구일 甲戌 重陽節

인신재 이계영(李啓寧)이 씀 忍愼齋 李啓寧 稿

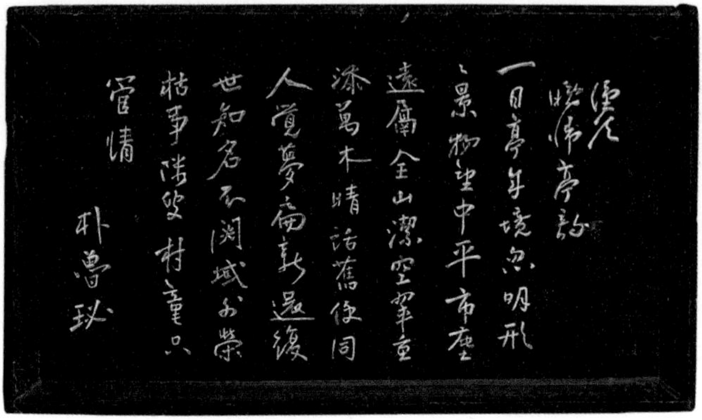

삼가 만귀정 운을 이어서

謹次晩歸亭韻

이 정자 이뤄지니 경내가 밝아진 듯	一日亭成境忽明
여러 가지 경물들 안중에 널려 있네	形形景物望中平
시내의 먼지 멀리 있어 온 산이 깨끗하고	市塵遠隔全山潔
하늘이 푸르름 더하니 온갖 나무도 맑네	空翠重添萬木晴
옛 일 말하자니 꿈에서 깨어난 듯	話舊便同人覺夢
새 현판 다시 거니 그 이름 모두 안다네	扁新還復世知名
세간의 여러 일 모두 다 상관 않고	不關域外榮枯事
이웃 늙은이 마을 아이 다정하게 보살피네	隣叟村童只管情

박노필 朴魯珌

삼가 습향각 운을 이어서[56]

謹次襲香閣韻

언덕 수풀 푸르고 물가 누각 우뚝하니　堤林蒼蒼水閣頭

주인 늙은이 해마다 그림 속에 즐긴다네　主翁歲作畫中遊

이웃 만나면 이야기에 때때로 귀 기울이고　接隣野話時傾耳

나라 민생 걱정하며 원하기는 풍년 드는 거라네　憂國民生願有秋

신사(1941년) 초가을 辛巳 初秋

우향 신철균 又香 申轍均

---

56 습향각(襲香閣)은 1940년 묵암 장안섭이 만귀정에 이어 그 운치를 더하기 위해 연못 중앙에 사방 한 칸으로 날렵하게 지은 정자이다. 주위의 연꽃 향기가 엄습하여 온다는 의미를 담고 있다. 만귀정의 별당으로 지어진 누정이다.

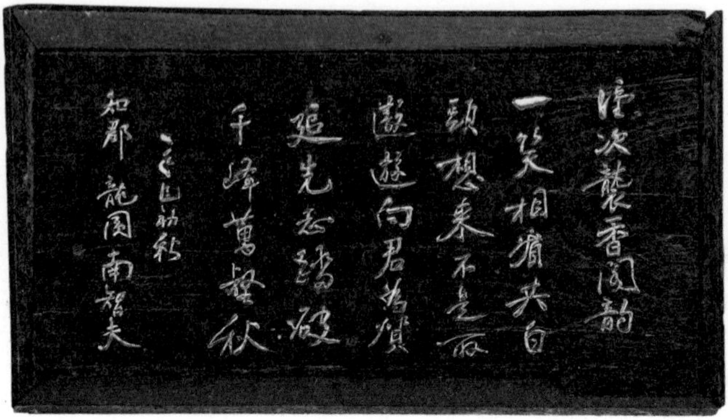

삼가 습향각 운을 이어서

謹次襲香閣韻

웃음 머금고 서로 보니 모두가 백발이니 　一笑相看共白頭
생각해보니 즐기며 놀기 위한 자리 아니었나 　想來不是取遨遊
선조의 뜻 이어가는 그대의 행적 치하하려 　向君爲賀追先志
천봉만학 지나서 이 가을에 왔다네 　踏破千峰萬壑秋

신사년(1941년) 초가을 辛巳初秋

군수 용강 남지부 知郡 龍岡 南智夫

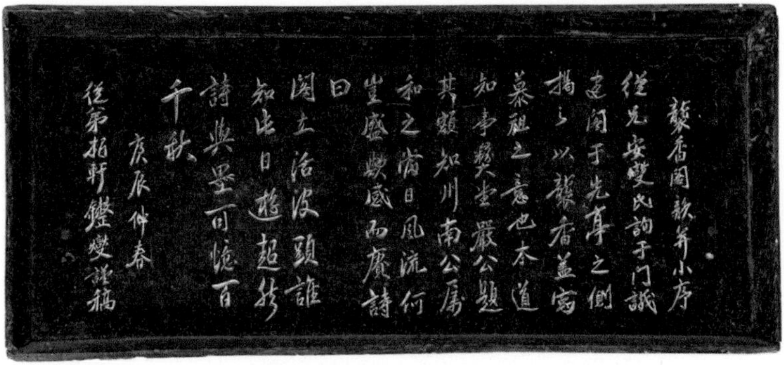

습향각 운 – 작은 서문을 함께

襲香閣韻 并小序

종형 안섭씨가 여러 문중과 상의하여 선세의 정자인 만귀정의 옆에 이 누각을 세웠다. 그 이름을 '습향'이라 한 것은 선조의 유업을 계승하자는 추모의 뜻이다. 본도 지사인 이당 엄공이 액자를 썼고, 지주인 남공도 그에 화답하는 시를 지었다. 그날의 아름다운 풍류가 참으로 성대하였고, 나 또한 이에 느낀 바 있어 시 한 수를 지으니.

從兄安燮氏, 詢于門議, 建閣于先亭之側. 揭之以襲香, 盖寓慕祖之意也. 本道知事彝堂嚴公其額, 知州南公屬和之, 當日風流, 何其盛歟. 感而賡詩[57]曰.

이 집을 깨끗하고 맑은 연못가에 세우니	閣立活波頭
오늘의 이러한 즐거움 그 누가 알았으리	誰知此日遊
초연하구나 아름다운 시묵들이여	超然詩與墨
백 천년 지나도록 길이길이 기억되리라	可憶百千秋

경진년(1940년) 2월에 종제 백헌 정섭 삼가 씀

庚辰 仲春 從弟 柏軒 鍌燮 謹稿

57 갱시(賡詩)는 갱가(賡歌)와 같은 뜻으로, 군신 간에 노래를 서로 이어서 부르는 것이었다. 이후 시를 서로 이어짓는 것을 말하였다.

묵암정사

默菴精舍

묵암정사(默菴精舍)는 습향각을 지나 세 번째의 정자로 송정읍장을 지낸 장안섭의 덕행을 기려 건립한 사방 한 칸의 팔작지붕이다.

기장산하

氣壯山河

기운이 산하에 장대하다

역수헌 윤용구[58] 亦睡軒 尹用求

58 윤용구(尹用求, 1853~1937)의 널리 알려진 호는 석촌(石村)이지만, 수헌(睡軒), 장위산인(獐位山人) 등으로도 사용하였다. 일찍이 문과에 급제하여 예조판서, 이조판서에 이르렀으나 1895년 을미사변 이후로는 일체의 관직에 취임하지 않고 서울 근교의 장위산 아래 살았다. 서화, 거문고, 바둑 등에 아주 능하였다. 특히 전라도 지역 누정에는 그의 현판 글씨가 많다.